ライフサイエンス をめぐる 倫理的・法的・ 社会的課題

● 医療と科学の進歩は幸福をもたらすか

菱山 豊 Yutaka Hishiyama

ナカニシヤ出版

はじめに

　現代の生命科学や医学の進展は著しく、生命の理解、難病の治療、画期的な医薬品の創出などに、人々は大きな関心と期待をもっている。同時に、従来は人知の及ばない領域と考えられていた生命の操作や老化防止などにも踏み込み、さまざまな社会的課題を産み出してもいる。本書では、生命科学と医学を合わせて「ライフサイエンス」とよぶことにする。

　私は、1985 年に科学技術庁に入庁し、2021 年 9 月に文部科学省を退官するまで、長年にわたり科学技術政策に携わってきた。なかでも生命科学や医学の研究推進やルール作りの政策に関わることが多かった。今までに、自らの行政経験をふまえて、考察したことをまとめた単行本を 2 冊出版することができた。1 冊目が 2003 年の『生命倫理ハンドブック』（築地書館）、2 冊目が 2010 年の『ライフサイエンス政策の現在』（勁草書房）である。

　2010 年以降も、ライフサイエンスは急速に進んでおり、日本も含めて世界中の国々が振興している。新型コロナウイルス感染症のパンデミックの際にも、新しいライフサイエンスの技術が活用され、わずか 1 年程度でワクチンが開発されて、世界の人々が接種を受けた。

　では、ライフサイエンスはすばらしいものだから、どんどん進めればよいのかというと、そうでもない。倫理的・法的・社会的課題（ELSI: Ethical, Legal and Social Implications/Issues）をともなうことが多い。ライフサイエンスが進んだ先に何があるのかを考える必要がある。例えば、老化研究によって健康寿命の延伸が実現したときにどのような社会になるのだろうか。生殖医療の進展により、家族制度への影響はどのようなものになるのだろうか。本書では、ライフサイエンスの内容を理解した上で、社会制度についてあらかじめ研究する必要があるということを強調した。

　また、ライフサイエンスの研究が進むことが、私たちに幸福をもたらすのかどうかを考える必要がある。それを生命医科学の研究者や専門家に委ねてしま

うのでなく、人々が自ら幸福（well-being）をめざして活用しようとする姿勢が求められるだろう。

　最先端のライフサイエンスを推進するためには、生命倫理は避けて通ることはできない。ジョージ・ブッシュ大統領時代に大統領生命倫理委員会の委員長を務めたレオン・R・カス（Leon R. Kass）シカゴ大学教授は、その著書で、「2001 年をなんらかの指標とするなら、生命倫理学の問題こそ、新世紀に——あえていえば新千年紀に——考えねばならない優先事項といえるだろう」[*1] と述べている。しかし、日本において生命倫理の政策上の優先順位は低い。私は、国内における指針等のルールのとりまとめに加えて、ユネスコにおける生命倫理の宣言のとりまとめに貢献したのだが、さほどの評価はされなかった。

　私の考えはこうだ。ライフサイエンスをはじめ、新しく出現する科学技術に対するルールを作り、その科学技術を社会で使えるようにすることは、科学技術・イノベーション政策という公共政策における重要な役割である。ただし、本文でも述べるが、いきなり規制をするのではなく、早いうちからそのようなルールやガバナンスに関する研究をすることが必要だ。

　本書は、21 世紀の最初の 4 半世紀における激動したライフサイエンスの政策作りに携わった者から見た「ライフサイエンスと社会との関係」を、政策という実務の観点からまとめたものだ。人々の大きな期待の対象であると同時に議論をよぶような倫理的・法的・社会的課題をもつライフサイエンスのトピックスを取り上げ、どのように研究が進められ、どのような成果が期待されているのか、そして、どのような課題があるのか、その解決の考え方はどのようなものか、などを示してみたつもりだ。

　また、日本のライフサイエンスの政策は何に重点を置いたらよいのか、そして、先端的なライフサイエンスの研究成果を社会において活用するためにはどのようなルールが必要なのか、さまざまな課題を内包するライフサイエンスを私たちの幸福に活かすためにどのように社会と共創していくか、を私なりに考えてみた。ただし、私一人の能力は大したことがないことを自覚している。大風呂敷は広げたものの、まだまだ見聞を広め、考えを深める必要があると感じる。多くの方たちに考えていただいて、より深く、より広い知恵が生まれるこ

とを期待する。

　本書は、政策研究大学院大学、千葉大学国際教養学部、神奈川県立保健福祉大学ヘルスイノベーションスクールなどでの講義内容も反映した。私とは歳が離れた学生との対話ではいろいろと気づかされたことが多かった。また、日本医療研究開発機構（AMED）や科学技術振興機構（JST）における勉強会等でのプレゼンテーションの内容も反映した。勤務経験のある両法人における意見交換は、たいへん楽しく、勉強になった。

　最後に、本書の構成を説明しよう。

　「第Ⅰ部　ライフサイエンスの進歩と社会的課題」では、最先端ライフサイエンス研究の基盤とも言える「ヒトゲノム解析」と、世界中で猛威をふるった「新型コロナウイルス感染症」への対応に焦点を当て、その推進方策と倫理的・法的・社会的課題の説明をした。

　「第Ⅱ部　先端生命科学とルール」では、進展の著しい「ゲノム編集」と「再生医療と異種移植」を取り上げ、先端研究の内容と推進方策を紹介するとともに、新しく出現するライフサイエンスに関連する技術のガバナンスに関するルールについて検討した。

　「第Ⅲ部　新しい生死の概念の登場と私たちの生き方」においては、私たちの生死や生き方にも関係する「生殖補助医療」、「ブレイン・マシン・インターフェース」、「老化研究と寿命の延長」及び「エンハンスメント」を取り上げ、これらに伴う課題について検討した。

　「第Ⅳ部　新たな科学技術と私たちの社会〜政策からの視点〜」では、第Ⅲ部までの個別分野の議論を総合し、予算などの資源配分の考え方、社会からの信頼を得た科学技術の進め方、新しいライフサイエンスの方向性などを述べ、私たちに幸福をもたらすような最先端のライフサイエンスの進め方を考えてみた。

　各章の初めには「キーワードマップ」を設け、その章の全体像を把握できるようにした。また、各章の終わりには、「考えてみよう」として課題を設け、読

者の皆さんに自ら考えていただこうと思う。

　本書が、ライフサイエンスの発展と私たちの幸福を結びつけるために、どのような対応をするべきかを考える一助になればと願う。

著　者

▪ 目 次 ▪

はじめに　*i*

第Ⅰ部　ライフサイエンスの進歩と社会的課題　　1

1章　ゲノム医療　　*3*

1.1　ゲノム医療の研究開発の現在　　*4*
1.1.1　ヒトゲノムとは何か　*4*
1.1.2　私たちの試料と情報を集めたバイオバンク　*6*
1.1.3　ゲノム医療とは　*9*
1.1.4　ゲノム医療のこれから──精密医療へ　*9*

1.2　ゲノム科学の進展に対する社会の対応　　*11*
1.2.1　ヒトを対象とする研究のルールはどうできたか？　*11*
1.2.2　海外のヒトゲノムをめぐる倫理的・法的・社会的課題への取り組み　*12*
1.2.3　日本のヒトゲノムをめぐる倫理的・法的・社会的課題への取り組み　*14*
1.2.4　ゲノム情報は特別な情報なのか？　*15*
1.2.5　ヒトゲノムと生物学教育　*16*

1.3　ゲノム情報を活用するためのこれからの課題　　*18*
1.3.1　ルールの複雑化とデータの活用　*18*
1.3.2　ゲノム情報と差別　*19*
1.3.3　診断ができても治療ができない　*20*
●コラム　バイオバンク・ジャパンの20年　*21*

2章　ワクチンの研究開発と感染症への対応──新型コロナウイルスを例として　　*23*

2.1　ワクチンの研究開発の現在と推進方策　　*24*
2.1.1　ワクチンの意義と研究開発　*24*
2.1.2　メッセンジャーRNAワクチン　*26*

2.2　医薬品開発や医療体制に関する社会の変化と対応　　*27*
2.2.1　医薬品としての安全性と有効性を担保するルール　*27*
2.2.2　疾病構造の変化と医療体制　*28*
2.2.3　感染症の対策について　*29*

2.3 新型コロナウイルス感染症への対応 ·· 31

- 2.3.1 専門家の知見は活かされたか 31
- 2.3.2 日本におけるワクチン開発の遅れ 33
- 2.3.3 ワクチンに対する国民の意識 36
- 2.3.4 ワクチンの効果と副反応 37
- 2.3.5 ワクチン獲得の国家間格差 39

第Ⅱ部 先端生命科学とルール　　41

3章　ゲノム編集　　43

3.1 ゲノム編集の概要と期待 ·· 44

- 3.1.1 ゲノム編集とは何か 44
- 3.1.2 ゲノム編集への期待 45

3.2 ゲノム編集に関わる社会的課題 ·· 46

- 3.2.1 想定されるさまざまな課題 46
- 3.2.2 デザイナー・ベイビーの可能性 47
- 3.2.3 社会的課題の検討の方向性 48

3.3 課題に対する日本での検討 ·· 49

- 3.3.1 日本の行政府における検討 49
- 3.3.2 日本学術会議における検討 53

3.4 課題に対する海外での検討 ·· 56

- 3.4.1 英国ナフィールド評議会の検討 56
- 3.4.2 米国ナショナル・アカデミーと英国王立協会による検討 57
- 3.4.3 ドイツの倫理評議会による検討 59

3.5 残された課題と今後の検討の方向 ·· 61

- 3.5.1 誰がどんな問題を検討すべきなのか 61
- 3.5.2 暫定的な結論 62

4章　再生医療と異種移植　　63

4.1 再生医療の研究開発 ·· 64

- 4.1.1 iPS 細胞を活用する再生医療 64
- 4.1.2 ヒト ES 細胞を活用する再生医療 66

4.2 異種移植の研究開発 ·· 68

4.2.1 米国における異種移植（動物の臓器をヒトに移植）68
4.2.2 日本における異種移植の研究 69

4.3 再生医療に関する社会的課題と対応 71

4.3.1 細胞を使うことの課題 71
4.3.2 法律による再生医療の規制 72

4.4 異種移植に関する社会的課題と対応 74

4.4.1 米国における異種移植の検討 74
4.4.2 日本における異種移植に関する調査研究 74
4.4.3 クローン技術の規制緩和 76
4.4.4 動物愛護の観点 77

4.5 知っておきたい背景議論 78

4.5.1 脳死と臓器移植に関する長い議論 78
4.5.2 高額な医療への対応 80
🅒🅡🅜 2007 年の山中先生研究室初訪問 82

第Ⅲ部　新しい生死の概念の登場と私たちの生き方　85

5章　生殖補助医療をめぐる課題　87

5.1 生殖補助医療の研究と期待 88

5.1.1 生殖補助医療について 88
5.1.2 出生前診断と着床前診断 90
5.1.3 発生に関する基礎研究、iPS 細胞の活用 91
5.1.4 人工子宮 92

5.2 生殖補助医療による社会への影響とその対応 94

5.2.1 親子や家族の関係はどうなるのか？ 94
5.2.2 新型出生前検査をめぐる問題 97
5.2.3 着床前診断をめぐる課題 97
5.2.4 人工子宮が投げかける課題 98
5.2.5 iPS 細胞や ES 細胞を活用した研究から生じる課題 99
5.2.6 生殖補助医療は幸せをもたらすのか？ 100
🅒🅡🅜 日本学術会議への期待 102

6章 ブレイン・マシン・インターフェース 103

6.1 ブレイン・マシン・インターフェース研究の現在 104
- 6.1.1 ブレイン・マシン・インターフェースとは *104*
- 6.1.2 ブレイン・マシン・インターフェースの研究開発 *105*

6.2 ブレイン・マシン・インターフェースに関する社会的課題 108
- 6.2.1 脳神経倫理学 *108*
- 6.2.2 ブレイン・マシン・インターフェースによる能力向上 *109*
- 6.2.3 マインドリーディング、マインドコントロール *109*
- 6.2.4 意識のコンピュータへのアップロード *110*
- 6.2.5 デュアルユース *111*

6.3 課題に対する取り組み状況 113
- 6.3.1 OECD の取り組み *113*
- 6.3.2 ユネスコにおける取り組み *114*
- 6.3.3 「ムーンショット型研究開発制度」目標1における取り組み *114*
- 6.3.4 JST/CRDS のワークショップ *115*
- 6.3.5 筆者の見解 *116*
- **コラム** 脳科学委員会の創設と「大工の棟梁」 *119*

7章 老化研究と寿命の延長 121

7.1 老化研究の推進方策と期待 122
- 7.1.1 老化研究の推進 *122*
- 7.1.2 産業界の注目 *124*
- 7.1.3 ライフコースを通じた研究の重要性 *125*

7.2 老化研究の社会的課題と対応 128
- 7.2.1 老化は病気か *128*
- 7.2.2 老化の制御が可能となった社会のシステム *129*
- 7.2.3 エイジズム——年齢による差別、高齢者への偏見 *131*

8章 エンハンスメント 133

8.1 エンハンスメントとは何か 134
- 8.1.1 より高い能力をめざすエンハンスメント *134*
- 8.1.2 先端科学を用いたさまざまなエンハンスメント *134*
- 8.1.3 老いない身体と精神 *136*

目次　*ix*

8.2 エンハンスメントに関する社会的課題とその対応 ……………………137

　　8.2.1　能力は与えられたものか？　*137*

　　8.2.2　ゲノムの操作によるエンハンスメントをどう考えるか？　*138*

　　8.2.3　不老長寿はかなえられるべき欲望か？　*140*

　コラム　ライフサイエンスの ELSI に取り組む学際的拠点の設立　*142*

第Ⅳ部　新たな科学技術と私たちの社会──政策からの視点　143

9章　資源配分の考え方　*145*

9.1 ライフサイエンスの研究費をめぐる現状 ……………………………………146

　　9.1.1　なぜ研究費が問題となるのか　*146*

　　9.1.2　医療費とライフサイエンスの研究費　*147*

　　9.1.3　宇宙、IT、AI など他分野研究との競合　*149*

　　9.1.4　製薬産業における研究開発費　*150*

9.2 研究費の配分 ………………………………………………………………………152

　　9.2.1　ライフサイエンス研究費配分の考え方──モダリティ　*152*

　　9.2.2　医学研究費の配分──どの病気の研究を優先するべきか　*153*

　　9.2.3　ライフサイエンス研究費の配分──基礎研究と臨床研究　*154*

9.3 資源配分に関する社会としての対応 ……………………………………………156

　　9.3.1　審議会の効用　*156*

　　9.3.2　国民や患者の幸福につながるか──社会との共創の必要性　*157*

　コラム　再生医療の研究費と遺伝子治療の研究費　*159*

10章　研究不正から研究インテグリティへ　*161*

10.1 研究不正の変化とそれへの対応 …………………………………………………162

　　10.1.1　典型的な研究不正　*162*

　　10.1.2　新たなタイプの研究不正──査読に関する不正　*164*

10.2 地政学的状況の変化が研究インテグリティに反映 ……………………………166

　　10.2.1　経済安全保障とライフサイエンス　*166*

　　10.2.2　科学技術情報の管理　*168*

　コラム　STAP 細胞問題の衝撃と悲しみ　*171*

x

11章 新しい科学技術にどう取り組むか──ライフサイエンスの政策的方向性 *173*

11.1 医療政策と産学連携の現状と課題──日米を比較して ·····················*174*

11.1.1 米国と日本の医療政策の違い *174*
11.1.2 日本医療研究開発機構（AMED）の設立とその役割 *175*
11.1.3 医薬品の産学連携事情 *177*

11.2 健康長寿社会と私たちの幸福へのライフサイエンスの寄与 ··············*180*

11.2.1 インクルーシブな健康長寿社会に向けて *180*
11.2.2 ライフサイエンスと幸福 *183*

11.3 責任ある科学技術・イノベーション政策 ································*186*

11.3.1 責任ある研究とイノベーション *186*
11.3.2 新興科学技術への取り組み *188*

あとがき *191*

注 *192*

索引 *198*

ライフサイエンス政策関連年表 *202*

第Ⅰ部

ライフサイエンスの
進歩と社会的課題

1章 ゲノム医療

キーワードマップ

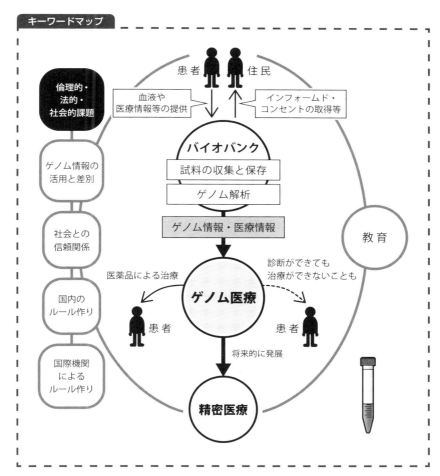

ヒトゲノム研究の進展によって、遺伝情報をもとにする医療が現実のものとなってきている。そこにはどんな課題や問題があるのだろうか。ヒトゲノムとは何かということをふまえて、社会の動向を見ていこう。

4 第Ⅰ部 ライフサイエンスの進歩と社会的課題

1.1
ゲノム医療の研究開発の現在

1.1.1 ヒトゲノムとは何か

　最近、がんの治療などで「ゲノム医療」という言葉が聞かれるようになったのはご存じだろうか。がんは、私たちの体を作っている細胞のなかの遺伝子が傷つくことから始まる。では、そもそもゲノムや遺伝子とは何なのだろうか。

ゲノムと遺伝

　まず、私たち人間のゲノム、すなわちヒトゲノムのことから説明しよう[*1]。ヒトゲノムはこれからこの本で取り上げるさまざまな課題でも出てくる基本的な概念である。ヒトゲノムとは、ヒトの遺伝情報の1セットである。私たちの体の設計図とも説明される。私たちの姿や性格は、父親や母親と似ていることが多い。これは父親のゲノムをもつ精子と、母親のゲノムをもつ卵子が出会って受精したためだ。

　それでは、同じ両親から生まれたのに兄弟姉妹ではかなり異なるのはなぜだろうか。精子や卵子が作られるときには、ゲノムが組み換えられて混ざるというしくみがあるので、世代から世代へゲノムは変化しながら伝わっていく。

塩基と遺伝情報

　ゲノムの遺伝情報は、長い二重らせん形のDNA（デオキシリボ核酸）という小さな物質のなかにある（図1-1）。このDNAは、アデニン（A）、チミン（T）、グアニン（G）及びシトシン（C）という4種類の塩基という物質から成り立っており、ヒトのDNAは約31億の塩基が対になって並んでいる。この31億の並びがすべて遺伝子かというとそうではない。遺伝子はこの長いDNAのうちのたった1.5%程度で、その数は約2万であるとされる。

　そして、遺伝子部分のDNAからメッセンジャーRNA（mRNA）という物質がコピーされ、そのコピー情報をもとにタンパク質が合成される（図1-2）。このタンパク質が私たちの体を作り、また、体のなかでさまざまな働きをする

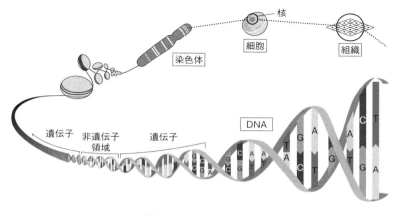

図1-1　ヒトゲノムとは

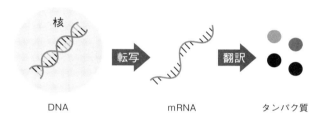

図1-2　遺伝情報の転写とタンパク質合成

（次章で述べるが、このメッセンジャーRNAは、新型コロナウイルス感染症のワクチンの主要な部分である）。

　先ほど、遺伝子として使われるのはDNAの約1.5％と述べたが、残りの98.5％はどのような役割をもっているのだろうか。遺伝子の発現の調整（オンやオフ）などの機能をもっていることがわかっているものもあれば、未知なものもあり、ゲノム研究の最前線の課題となっている。

遺伝と環境

　一人一人はそれぞれ世界に一つだけのゲノムをもっているが、呼吸をし、あるいは、食事をして栄養素を吸収して排泄するなどの生物としての機能は共通していて、99.9％は同じゲノムをもつ。人それぞれで異なる部分は約0.1％であり、その多くはゲノムの塩基配列のなかに1千万ヵ所もある**一塩基多型**

6 第Ⅰ部 ライフサイエンスの進歩と社会的課題

（**SNPs**: スニップ）の違いと言われている。

　このような「ゲノムの違い」と「生育環境」という要因の組み合わせ（「生まれ」と「育ち」）で、それぞれの個性が生じると考えられている。体型、体質、病気のかかりやすさなどにも、もって生まれたゲノムとその後の環境の両方が相互に作用する。なお、生物としての機能は生存していく上で重要なものであり、マウスもサルも人間も共通のゲノムをもっている。だから、体のしくみを研究したり、医薬品の効果を検証したりするときに動物を使うことができるのである。

1.1.2 私たちの試料と情報を集めたバイオバンク

　ヒトゲノムの研究を行うためには、たくさんの人たちから血液などの試料をいただくことが必要だ。一人のゲノムがわかっても不十分なのだ。例えば、ゲノムで決まる A、B、AB、O の血液型が日本にどのくらいの割合でいるかを調べることを考えてみる。ある一人の血液型を調べて O 型だったとしても、それはたまたまその人が O 型だったということしかわからない。多くの人を無作為に選んで血液型を調べてみると、おそらくそれが日本人全体の血液型の割合になる。どのくらいの人数を調べるとよいのかは、統計学に相談する必要がある。

　そのように、多様な私たちのゲノムの相違点と共通点を探すためには、多くの人たちから血液などの試料をいただいて、ゲノムの解析をすることが必要だ。また、健康や病気の研究のためには、環境の情報、すなわち、食事、睡眠、運動、服用している医薬品などの情報も必要となる。ヒトゲノム研究を行うためには試料と情報を大規模に集めなければならないのである。

　人体に由来する試料及びそれに関する情報を医学・科学研究に利用するために、体系的に収集・保管・分配するシステムを**バイオバンク**といい[*2]、そのしくみは**図** 1-3 のとおりだ。ヒトゲノムが解析されるようになると、先進国は大規模なバイオバンクを競って整備した。

大型バイオバンク「バイオバンク・ジャパン」の発足
日本で最初の大規模なバイオバンクとして整備されたのがバイオバンク・ジ

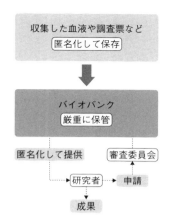

図1-3 バイオバンクのしくみ
(町野・辰井. 2009を参考に作成)

ャパン（BBJ）である。BBJは、2003年、文部科学省の委託事業として東京大学医科学研究所内に発足し、2002年度の補正予算で83億円が用意されて始まった。第1期〜第3期の約15年で、全国の協力医療機関を通じて27万人の患者から生体試料とカルテ情報を提供していただいている。

21世紀初めには、ヒトの遺伝子を解析することは一般的ではなかった。そのため、

- 大規模なバイオバンクに関して、多数の患者からの**インフォームド・コンセント**をどのように取得するのか
- 参加を途中で止めるときの手続きをどうするのか
- 集めた個人情報の保護をどうするのか
- 情報や資料を医薬品の開発に活用する場合のインフォームド・コンセントをどのようにするのか
- 特許などの知的財産権の扱いをどうするのか

などの**倫理的・法的・社会的課題**（**ELSI**: Ethical, Legal and Social Implications/Issues）の考え方などの研究や検討の準備も十分に進んでいなかった。

BBJの最初のプロジェクトリーダーであった中村祐輔 東京大学教授（当時）は、日本におけるバイオバンクを進める上での課題として、次のことを指摘していた[*3]。

①医学部で遺伝学教育がされていない（Molecular Genetics は教えられているが、遺伝学がきっちりと教育されているとは言いがたい）こと
②統計学教育が不十分であるため、医学・医療分野における遺伝統計学の重要性を理解している研究者が少ないこと

　BBJ は、発足から今まで 20 年以上活動を継続し、多くの研究者や企業に利用された。数多くの研究成果も出ており、患者に貢献してきた。

東北メディカル・メガバンク

　東北大学と岩手医科大学が構築した大規模バイオバンクとして、**東北メディカル・メガバンク**がある。東北メディカル・メガバンク計画は、2011 年 3 月 11 日に発生した東日本大震災の未曾有の被害状況を受けて、山本雅之 東北大学教授がリーダーとなり、被災地における医療復興に貢献すること、そして、未来型医療の開発体制を構築し被災した方に迅速に届けることをめざして開始された。必要な予算は 2011 年度の第三次補正予算に盛り込まれた。

　この計画は、被災地住民の健康向上に貢献するとともに、住民を長期間追跡調査する大規模な**ゲノムコホート研究**を実施し、個別化医療・予防等の東北発次世代医療の実現をめざすものである。これまでに、15 万人規模の健康情報や生体試料、ゲノム解析データ等を収集・解析し、我が国最大級の一般住民ゲノムコホート・バイオバンクを構築してきた[4]。このなかには、祖父母、両親、子どもの三世代を追跡調査する研究（三世代コホート）も含まれる。

　コホート調査で参加者である住民からいただいた生体試料を安全に保管する大規模なバイオバンクを構築し、その試料の全ゲノム解析をはじめ、体内の分子の網羅的な解析（オミックス解析）などを進めている。データベースは公開され、広く活用されている。参加者の健康状態やそれに対する震災の中長期的影響についての情報を参加者や自治体に報告もしている。また、試料・情報を多くの研究者が活用できるしくみを構築している。さらには、日本製薬工業協会との共同研究をはじめ、多くの産業界との連携も進めている[5]。

1.1.3 ゲノム医療とは

ゲノム情報をもとにした診断と治療

バイオバンクの発展も含めたヒトゲノム研究の目覚ましい進歩により、病気とゲノム（遺伝）情報との関係が急速に明らかになりつつある。ゲノム（遺伝）情報を網羅的に調べた結果をもとにして、病気の診断と治療などを行うのが**ゲノム医療**である。がんゲノム医療は、がんの組織を用いて多数の遺伝子を同時に調べ、遺伝子変異（がんの原因となる遺伝子の変化）を明らかにすることにより、一人一人の体質や病状に合わせて治療などを行う医療である[*6]。国立がん研究センターのホームページなどから考えられるのは**図1-4**の流れだ[*7]。

ゲノム医療の開始

日本では、2019年6月から**がん遺伝子パネル検査**が保険適用され、保険診療のもとでがんゲノム医療が受けられるようになった。がん遺伝子パネル検査は、患者のがんの組織を採取し、複数のがん遺伝子が変化しているかどうかを同時に調べられるキットだ。遺伝子の変化が見つかった場合には、その変化に対して効果が期待できる薬剤や治験・臨床試験をデータベースなどで調べる。そして、治療の効果があると考えられる薬剤の候補が見つかった場合、その薬剤の使用を検討する。ただし、遺伝子の変化に対応した医薬品がない場合もある。

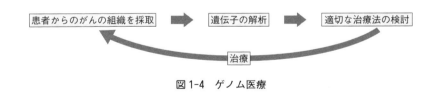

図1-4 ゲノム医療

1.1.4 ゲノム医療のこれから——精密医療へ

精密医療とは

ゲノム医療をさらに進めて、一人一人に合わせた医療として考え出されたのが**精密医療**（Precision Medicine）である。2015年1月にオバマ米国大統領が一般教書演説で「Precision Medicine Initiative」を発表した。そして、同年9

10　第Ⅰ部　ライフサイエンスの進歩と社会的課題

月に**アメリカ国立衛生研究所**（**NIH**: National Institutes of Health）は、精密医療イニシャティブコホートプログラムを策定した[*8]。このプログラムによると、精密医療とは、「遺伝子、環境、ライフスタイルの個人差を考慮して、有効性を最大限に高めることを目的とした、病気の治療と予防のアプローチで、健康と病気に寄与する分子、環境、行動の要因をより正確に測定することにより、病気の発症と進行、治療への反応、健康の結果に関する理解を再定義することをめざす」とある。

日本での医療情報の活用状況

　では日本の状況はどうだろうか。母子保健の観点から、生まれる前の胎児の時期から母親とともに検診を受け、そのデータは母子手帳に記録される。また、多くの日本人は地域、学校、職場で健康診断を受ける。中高年のなかには体の状況をもっと詳しく調べる「人間ドック」を受けている人たちもたくさんいる。そのように、日本では、生涯にわたって（ライフコースを通じて）の身長、体重、血液、尿、X線画像などのデータが存在している。

　他方で、私たち一人一人のゲノム情報については、手軽に解析するほどには普及していない。とはいえ、近い将来、私たち一人一人のゲノム解析も行われ、自分自身のゲノム情報（遺伝情報）をもつことになるだろう。

　現時点においては、次の1.2節で説明するように、ゲノム情報やヘルスケア情報を活用することには困難がともなう。しかし、これらの情報を活用することできるようになれば、健康や病気に関する研究はさらに進むであろう。そして、現実の医療で活用できるようになれば、上述したような精密医療が実用化されるだろう。

1.2　ゲノム科学の進展に対する社会の対応

1.2.1　ヒトを対象とする研究のルールはどうできたか？

昔から存在する課題

　20 世紀の終わり頃からヒトゲノムの解析技術が進展し、ヒトのゲノムすべてを解読しようという国際共同研究が始まった。日本国内でも、例えば、がんの患者から手術の際に摘出した臓器や組織、あるいは研究への参加を同意した一般人から採血した血液等のゲノム解析をすることが可能となった。

　それでは、健康診断の際に採ったあなたの血液を使って勝手にゲノム解析をしてもよいのだろうか。その結果、珍しい病気の遺伝子が発見された場合、論文発表をしてもよいのだろうか。このような問題にどのように対応したらよいのだろうか。

　私たち人類は「ゲノム」という問題が出てくる前から、人間を対象とした医学研究の倫理的課題に取り組んできた歴史がある。病気を診断したり治療したりするためには、病気になる「ヒト」を対象として研究する必要がある。必要があるからといって、何をやってもよいというわけではない。どのようにルールを作ってきたのか簡単に振り返ってみよう。

「ニュルンベルク綱領」と「ヘルシンキ宣言」

　第二次大戦中のナチス・ドイツにおいては、非倫理的な人体実験が行われた。これを裁いたニュルンベルク裁判では、人間を対象とした医学研究に関する倫理原則を掲げた「ニュルンベルク綱領」が提唱された。その後、世界医師会は、ヒトを対象とする研究に対する倫理的原則として、1964 年に「ヘルシンキ宣言」を採択した。数度の改定がなされているが、この宣言はヒトを対象とする研究に関する倫理原則を定めた重要な文書だ。被験者の自己決定権やインフォームド・コンセントなどは、後で紹介する「ヒトゲノム・遺伝子解析研究に関する倫理指針」など多くのルールに反映されている。

タスキギー事件と国家研究法

2024 年は米国の「National Research Act」が制定されてから 50 周年だった。日本語に翻訳すると「国家研究法」になるが、これは生命倫理の法であり、日本の生命倫理のルールに大きな影響を与えた。

この法律を作ることになった直接のできごとは、**タスキギー事件**とよばれるものだ。梅毒に感染したアフリカ系アメリカ人約 400 名の自然経過を 1932 年〜1972 年の 40 年間にわたり追跡した研究が大きな社会問題となった。治療法が確立した 1950 年代以降も無治療のまま観察研究が続けられたからだ。

研究機関のなかに審査委員会を設置

この反省から研究規制の必要性が認識された。タスキギー事件で問題になったような非倫理的な研究は、研究者の判断によって実施されたため、研究者個人ではなく、研究機関としてその倫理性を審査することが必要だとされた。**機関内倫理審査委員会**における審査が National Research Act に組み込まれた[*9]。

日本でも研究者がヒトゲノム研究や医学研究を行う場合、大学や研究所に設置された機関内倫理審査委員会の審査を受けることが必要になった。

1.2.2　海外のヒトゲノムをめぐる倫理的・法的・社会的課題への取り組み

ヒトゲノム研究のなかの倫理的・法的・社会的課題プログラム

米国は、31 億の塩基配列を解読する「ヒトゲノム計画」を精力的に進めた。その計画のなかで、**ELSI（Ethical, Legal, and Social Implications: 倫理的・法的・社会的課題）プログラム**が、NIH によるグラント（研究費）による研究プログラムの一つとして 1990 年に開始された。このようないわば文系的な研究をも支援したことは画期的である。

ELSI 研究を支援したことにより、ヒトゲノムに関する課題でありながらヒトゲノムの解析研究だけでは解決できないような社会的課題、例えば、

- 研究に関する同意
- 遺伝情報に関する差別
- ゲノム情報の産業での活用

などについての研究も進んだ。ただし，ヒト ES 細胞研究を政府が支援しなかったブッシュ大統領時代は，ヒト ES 細胞についての ELSI プログラムは行われなかった。この点は、日本の生命倫理研究者があまり指摘しないポイントだ。

ヒトゲノムと人権に関する世界宣言

国際機関の動きも見てみよう。**ユネスコ**（国際連合教育科学文化機関）においても、1990 年代からヒトゲノムに関する倫理問題が検討された。1993 年 11 月、個人資格の 50 名の専門家から構成される**国際生命倫理委員会（IBC: International Bioethics Board）**が設置された。この IBC は「**ヒトゲノムと人権に関する世界宣言**」を起草し、1997 年 11 月のユネスコ総会で採択された。IBC は次に遺伝情報の取扱いについての検討を始め、国際文書を起草した。同宣言を実行する文書となるので、各国の政府の代表が参加する政府専門家会合が開催され、私も日本からの専門家として参加した。最終的に 2003 年 10 月、ユネスコ総会において「**ヒト遺伝情報に関する世界宣言**」が採択された。

生命倫理と人権に関する宣言

続いてユネスコは、生命倫理に関する普遍的規範の作成に取り組むことになった。このように、ゲノムから始めて、そのカバーする範囲を広げるという動きは、後で述べるように日本においてもあった。

個人の資格で参加する専門家から構成される IBC が原案を作成したが、ユネスコ加盟国にはそれぞれの事情があり、すんなりとはまとまらなかった。そのため、「ヒト遺伝情報に関する世界宣言」のときと同様に、政府専門家会合が設置された。このときも私は政府の専門家として参加したが、連日会議が朝から深夜まで続いた。最終日の 24 時を過ぎてようやくまとまり、「**生命倫理と人権に関する世界宣言**」（**図 1-5**）として、2005 年 10 月にユネスコ総会で採択された[*10]。国際連合システムには、先進国と開発途上国の利害の対立、宗教に関わる価値観の相違などがあり、合意は困難ではないかと危惧したが、各国が譲歩し、文書を作り上げたことは評価されるべきである。

図1-5 ユネスコ生命倫理と人権に
関する世界宣言

1.2.3 日本のヒトゲノムをめぐる倫理的・法的・社会的課題への取り組み

ヒトゲノム研究に関する基本原則

　日本においても、ヒトゲノムの解読の研究が行われ、生命の謎の解明や医療における応用への期待が高まるとともに、倫理的・法的・社会的課題への対応が求められるようになった。2000年6月には当時の科学技術会議生命倫理委員会で「**ヒトゲノム研究に関する基本原則**」がとりまとめられた。そこには、この問題は研究者のみが関わればよいのではなく、ゲノム解析のもととなる血液や唾液などの試料提供者となりうるすべての人を念頭におくべきであるという、今の**患者・市民参画**（PPI: Patient and Public Involvement）に通じることが書かれている。

ヒトゲノム・遺伝子解析研究に関する倫理指針

　2001年4月には、文部科学省、厚生労働省及び経済産業省の三省の共同による「**ヒトゲノム・遺伝子解析研究に関する倫理指針**」が策定された。とかく縦割りだと批判されることが多い霞が関の官庁であるが、ヒトゲノムに関わる三つの省が協力して一つの指針を定めたことには意義があるだろう。この指針は、前述の「ヒトゲノム研究に関する基本原則」や「世界医師会によるヘルシンキ宣言」に加えて、厚生労働省の「遺伝子解析研究に付随する倫理問題等に対応するための指針」をふまえている。

内容としては、次のようなことが定められた。

- ゲノム解析の対象となる参加者から適切なインフォームド・コンセントを確保すること
- 倫理審査委員会が適切に構成され、運営されること
- 研究の適正性と透明性を確保すること
- 遺伝性疾患に配慮すること

この指針の作成にあたっては、医学、生命科学、哲学、法学、社会学などさまざまな分野の研究者が参加し、今でいうところの**総合知**となっている。

人を対象とする生命科学・医学系研究に関する倫理指針

「ヒトゲノム・遺伝子解析研究に関する倫理指針」をきっかけに「疫学研究に関する倫理指針」や「臨床研究に関する倫理指針」などが策定された。これらの指針は、共通している部分と相違している部分があり、研究現場が混乱するという批判があった。現在では「**人を対象とする生命科学・医学系研究に関する倫理指針**」の一本に統合されている[*11]。今から見ると、最初から一本化しておけばよかったではないか、と思われるかもしれない。しかし、ユネスコの議論などを見てもわかるとおり、歴史は直線では進まない。

1.2.4 ゲノム情報は特別な情報なのか？

ヒトゲノム解析からわかる遺伝情報が、病気に関する情報と比べて特別なのかどうかは、当初から議論になっていた。ヒトゲノムは私たちの体の設計図であり、究極の個人情報であり、特別の地位を認めるべきとの指摘があり、これは**遺伝子例外主義**とも言われる考え方だ。

他方で、センシティブな医療情報の一つとして扱えばよいという考え方もある。例えば、がんや感染症など何らかの病気になったことは知られたくない情報なので慎重に取り扱ってほしいことがあるだろう。それでも、そのような病気に罹ったことよりもゲノム情報を慎重に扱ったほうがよいのだろうか、それほどゲノム情報は特別なのだろうか、という疑問が生じるのも理解できる。

前述のユネスコ「ヒト遺伝情報に関する世界宣言」において、遺伝情報は、

16 第Ⅰ部 ライフサイエンスの進歩と社会的課題

- 遺伝的疾病の素因を予言しうること
- 世代を超えて子孫を含めた家族に対して、ある場合には関係者が属する集団全体に大きな影響を及ぼし得ること

などから、特別の地位をもつとしている。しかし、研究に関する倫理指針の統合の動きを見ると、ヒトゲノムや遺伝情報の取扱いは相対化しており、情報の重要度や漏洩した場合のリスクに応じた取扱いになりつつある。

1.2.5　ヒトゲノムと生物学教育

　科学や医学においても重要で、社会にも大きな影響がある「ヒトゲノム」について、将来を担う子どもたちに理解してもらうのも大きな課題である。

研究者たちの危惧

　2013 年 3 月、日本学術会議は、「初等・中等教育課程における『ヒトの遺伝学』教育の推進と社会における遺伝リテラシーの定着」を開催した。このフォーラムは、日本学術会議の会員をはじめとした生物学や医学分野の研究者たちが、生物学が大きく変化しているなかで、初等・中等教育においてヒトの生物学、特に、ヒトの遺伝学が教えられていないことに危惧を抱いて開催したものだった。私もパネリストとして参加した。

　初等・中等教育課程と銘打っているが、当事者である中学や高等学校の教員がこのフォーラムに登壇したり参加したりしたわけではなかった。指導要領が存在する高等学校よりも自由度の大きい大学における教養課程において、自らがまず始めるというような提案はなかった。むしろ、高等学校及びそれ以前の教育に課題があるという意見が多かった。

　この頃は、アカデミアだけでなく、報道においても、例えば「学校でもヒトの科学を」という社説[*12]が出るなど、中学生や高校生にヒトの生物学をもっと教えるべきとの指摘があった。この社説においては、生物学的な内容のみならず、出生前診断、生殖補助医療、生活習慣病、精神疾患、感染症などについても言及していた。

中高の教員と大学の研究者とのコミュニケーション

第41回日本遺伝カウンセリング学会学術集会では、2017年6月25日、「学校教育における『ヒトの遺伝・遺伝学』導入の実践——初等・中等教育において『ヒトの遺伝』をどのように導入するか」という市民公開講座が開催された[13]。この学術集会においては、小学校、中学校及び高等学校の教員も発表者として参加しており、初等中等教育現場の教員と大学の研究者との中身の濃い議論が行われたようだ。

そのまとめにおいて、「ヒトの遺伝・ゲノム教育を初等教育・中等教育において推進するには，学習者が学校教育全体を通して受ける全科目の教育内容を把握した上で，一貫性・連続性をもち，年齢・各世代に合わせた教育目標・習得課題といった基本骨格を明確にした上で，教育内容・手法や教材を作成することが必要である」という現実に即した指摘がなされていることはすばらしい。

こうして経緯を追うと、課題解決に向けて着実に進んできたことがわかる。

学習指導要領の改訂

2022年度から実施された高等学校の理科に関する**学習指導要領**の解説に目を通してみよう[14]。2009（平成21）年以来の9年ぶりの改訂であるこの改訂では、「科学と人間生活」において、「**ヒトの生命現象**」を新設した。その内容は、次のとおりであり、ヒトの生物学やヒトの遺伝学の教育が行われることになっている。

> 遺伝子の働き，視覚，血糖濃度の調節，免疫についての基本的なしくみを扱うこと。その際，遺伝子の働きについては、DNAとタンパク質との関係に触れること。視覚については、体内時計との関連についても触れること。血糖濃度の調節については、糖尿病にも触れること。免疫については，アレルギーにも触れること。

この解説には、小学校から高等学校まで、何をどの段階で学ぶかをわかりやすく示す見取り図が掲げられ、子どもたちの発達に応じて、いつ何を学ぶべきかが丁寧に考えられていることがよくわかる。指導要領の内容の変化は、中学校や高等学校の教師にとっては常識かもしれない。関心をもつ大学教員や報道機関の記者たちも目を通す必要のある重要な資料である。

18 第Ⅰ部 ライフサイエンスの進歩と社会的課題

1.3 ゲノム情報を活用するためのこれからの課題

1.3.1 ルールの複雑化とデータの活用

今まで説明したような各種の指針や個人情報保護法の制定で、個人情報である私たちのゲノム情報を保護するルールができている。ところが、このルールが複雑になってしまい、専門家の間でも理解や活用が困難となっている。ゲノム情報を活用して、病気のメカニズムを解明したり、新しい診断法や治療法を研究したりすることが求められているが、アカデミアからも産業界からも問題が指摘されている。

ゲノム情報とヘルスケア情報の活用

塩基配列のゲノム情報だけでは医療には役立ちにくい。病気との関係を明らかにするためには、**ゲノム情報**に加えて、血液検査、投薬や手術などの**医療情報**、食事や運動や睡眠などの**生活情報**も併せて解析することが必要だ。それにまつわる新しい問題が起きないようにするためには、情報を使えなくしてしまえばよい。しかし、それでは逆行することになり、本末転倒だ。情報を提供した研究参加者や患者の意思を無視することにもなってしまう。個人情報という一般的な扱いのルールとは別に、今後、ゲノム、医療、ヘルスケアに関わる情報の取扱いに関するルールを作る必要があるだろう。

情報を提供する市民や患者の視点

こうした問題点を指摘するのは、ゲノム情報を使う側のアカデミアであったり産業界であったりすることが多かった。しかし、血液などの試料や各種の情報を提供する側である研究参加者や患者からの発信も重要である。自分の試料や情報を研究に役立て、治療法を創り出してほしい、あるいは、今までわからなかったことを解明してほしい、という提供側の意思は大切に扱われるべきである。素人である市民や患者が、わかりやすく、リスクが最小限となるようなルールを作ってほしいという意思を発出することは重要だ。そのためにも、11

章で説明する**患者・市民参画**（PPI: Patient and Public Involvement）を取り入れることが求められている。

1.3.2 ゲノム情報と差別

日本での動き

米国では、**医療保険**の加入に際し、ゲノム解析から得られる遺伝情報を使うことは法的に制限されている。日本のように国民皆保険ではない米国においては、民間の医療保険に加入することが必要であり、不当な選別や排除などを防ぐためにたいへん重要な法規制である。日本においては、生命保険への加入や就職の際に遺伝情報が使われることによって差別されることに対する法的規制がなされてこなかったことが指摘されている[15]。

2023年6月「**良質かつ適切なゲノム医療を国民が安心して受けられるようにするための施策の総合的かつ計画的な推進に関する法律**」が成立した。日本において、世界最高水準のゲノム医療を実現させ、国民が広く恩恵を享受できることを理念に掲げた法律で、国会議員が提案したものだ。同法では、国に基本計画策定を義務づけ、遺伝情報による不当な差別をしないことなどが明記されている。とはいえ、遺伝情報による差別が罰せられるわけではない。同法は、方針を示したものであり、その方針を実行に移す具体的な法律が必要である。

差別規制の難しさ

ゲノム（遺伝）情報によって差別することは不適切であるが、そもそも性別、出生地、容貌、年齢など他の情報で差別することも不適切である。先に述べた「ゲノム情報は特別な情報か」につながる課題だ。また、「第7章　老化研究と寿命の延長」において触れる年齢による差別「**エイジズム**」も不適切な差別である。

ゲノム情報（あるいは遺伝情報）の定義も難しい。例えば、私たちのA、B、Oの血液型もゲノム（遺伝）情報である。身長、容貌、性格も後天的な要因があるとはいえ、ゲノム（遺伝）情報が影響している。どこまでを対象にするのかなど、ゲノム情報の使い方の観点からルールを作ることが必要だろう。

20 第Ⅰ部 ライフサイエンスの進歩と社会的課題

1.3.3 診断ができても治療ができない

　ゲノム医療の問題の一つとして、ゲノム解析によって病状の原因が判明して
も、常に治療法があるわけではないということがある。同じような症状の患者
が少ない希少疾患の患者は、多くの医療機関で診断がつかず、原因もわからず、
治療方法も見つからないまま、さまざまな症状に悩まされている。日本医療研
究開発機構（AMED）は、このような患者の情報共有と診断確定、そして治療
を見据えた病態解明やシーズ創出を目的として、**未診断疾患イニシアチブ**
（**IRUD**: Initiative on Rare and Undiagnosed Diseases）を実施している[16]。た
だし、原因の遺伝子がわかっても、治療方法がない疾患がたくさんあることも
事実である。がんにおいても前述のようにゲノム医療が進んでいるが、遺伝子
レベルで原因がわかっても、まだ医薬品が開発されていないなどで治療方法が
ないこともある。そういう場合でもゲノム情報を積極的に患者に提供すべきか
ということも検討課題である。

■考えてみよう

☞高熱を出して救急車で病院に搬送された際に、血液の一部を研究に使わ
　せてほしいと頼まれたら、あなたならどうするか。

☞ゲノム情報や医療情報を活用するために、どのような制度が必要だろう
　か。

バイオバンク・ジャパンの 20 年

2024 年 2 月、バイオバンク・ジャパン 20 周年の記念シンポジウムが東京で開催された。このシンポジウムでは、発表者や運営者などの関係者は会場に集まり、その様子がオンラインで公開された。久しぶりにお会いできた方も多かった。

私は、さまざまな場面で BBJ に関わってきたので、政策担当者側としての登壇を依頼された。ここでは、当初より行政側から関与してきた者が見た BBJ の 20 年を語ってみたい。

BBJ は、「個人の遺伝情報に応じた医療の実現プロジェクト」として、2002 年補正予算に計上された。2002 年度補正予算 83 億円、2003 年度本予算 22 億円、5 年間で 200 億円のビッグプロジェクトで、30 万人の患者の試料を収集し保管するバイオバンクを作り、遺伝子を解析するという説明だった。このとき、文部科学省で指揮を執ったのは田中敏ライフサイエンス課長だった。この大プロジェクトを作るという功績を残した田中氏は残念ながら 2024 年に亡くなった。

従来、大型の研究プロジェクトについては、研究者をはじめとした専門家が集まった審議会などで議論してから予算化することが多かったのだが、このプロジェクトは補正予算で急に決まったかのように見えた。急に大きなプロジェクトが降ってきて、しかも、中村祐輔教授がリーダーであることが決まっているということで、医学や生命科学の研究者の間では、これはどういうことだという反応が出てきた。2001 年に文部科学省が設立されたばかりの頃であり、科学技術庁のやり方は文部省と違って乱暴だという見解もあった。科学技術庁出身の私でも少々辣腕をふるいすぎだと思ったが、だからこそ硬直した予算制度を突き破ってこのプロジェクトが実現したのである。

生命倫理の関係者も反発したり、警戒心をあらわにしたりした。20 年前は現在よりも、「遺伝子」や「ゲノム」になじみのある方が、生命倫理学や医事法学の分野でも少なかった。このような大きな国家プロジェクトを進めるのであれば、まずは国民に説明して、納得してもらうことが先であろうという意見があった。遺伝情報は究極の個人情報であり、その保護や取扱いは適切なのかと指摘する方もいた。遺伝子例外主義の考え方だ。遺伝子解析をするにあたって、わかりやすくて、十分な説明をして同意を得られるようになっているのかという指摘もあった。このような問題もあって、文部科学省の科学技術・学術審議会の下にある生命倫理・安全部会で議論がなされ、その議事録は今でも読むことができる[*17]。

リーダーの中村教授は真摯に対応し、実際の BBJ では情報の保護や試料の保管は徹底された。また、治療を担当する医師が説明すると拒否しにくいだろうということで、説明する要員を配置して、時間をかけて説明するように対応した。

ここで、BBJ の 20 年を私なりにまとめてみたい。第一に、医学研究でヒトを対象とすることがあたりまえとなった。一般の方の印象では、医学研究だからヒトを対象とするのは当然かもしれないが、動物実験と異なり、ハードルが高かった

のである。第二に、遺伝子の解析のみならず、血液の分析データ、行動データなど多量の情報を解析するなど、医学研究においてビッグデータ解析や統計学が当然のこととなった。第三に、被験者の保護、インフォームド・コンセント、個人情報の保護など、生命倫理に関する問題が注目されたことにより、倫理的・法的・社会的課題への対応があたりまえに

なった。第四に、BBJ は、日本で最初の大規模なバイオバンクであり、東北メディカル・メガバンクや国立がん研究センター等のナショナルセンター・バンクなど、その後に続く大型バイオバンクのモデルとなった。

　こうして、今や、バイオバンクは医学研究の基盤となっている。

2章 ワクチンの研究開発と感染症への対応
～新型コロナウイルスを例として

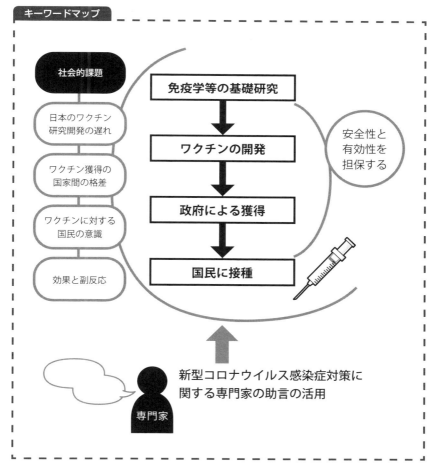

ワクチンの研究開発はどのように進められるのだろうか。また、なぜ日本では研究開発が遅れたのだろうか。この次に感染症が流行した場合の対策はどうなっているのだろうか。

24　第Ⅰ部　ライフサイエンスの進歩と社会的課題

2.1
ワクチンの研究開発の現在と推進方策

2.1.1　ワクチンの意義と研究開発

ワクチンとは

新型コロナウイルス感染症（COVID-19）のパンデミックで、ワクチンが注目された。ワクチンとはどのようなものなのだろうか。

わたしたちが暮らす環境に存在する細菌やウイルスなど、病気を引き起こす原因となるさまざまな微生物を、病原体という。この病原体が体のなかに入ると病気になり、あるいは、ひどい場合は死に至る。しかし、ヒトの体には、一度入ってきた病原体が再び体のなかに入ってきても病気にならないようにする免疫というしくみがある。免疫は、一度入ってきた病原体の特徴となるタンパク質である抗原を記憶し、体内で病原体と戦う準備をしている。こうすることで、病原体が体のなかに入っても病気にかからない、あるいは病気にかかっても重症化しないようにする。ワクチンは、この免疫を利用するものだ[*1]。

安全性と有効性の確認が必要

ワクチンの開発には、人体にとって安全であること（安全性）と、病気にかからないか重症にならないこと（有効性）の確認が必要だ。概略を説明しよう。

まず、免疫学などの基礎研究により、ワクチンになり得るもの（抗原）が得られることが前提だ。基礎研究から有望な成果が出たら、実験動物を対象として、安全性や免疫原性（抗原となるワクチンが免疫のもとになる抗体を産生させたり、細胞性の免疫を誘導したり、病気にかかりにくくしたりする性質）に関する試験を、国で定められた方法により実施する。

このときは、ヒトの感染状態を模した動物モデルを使う。動物には感染するが、ヒトには感染しない病気もあれば、逆に動物は感染しないのに、ヒトが感染する病気もある。そのため、この動物モデルの選択は重要だ。この開発段階を前臨床試験という。前臨床試験で安全性と有効性が示されたワクチン候補は、ヒトに対して実施する臨床試験に進む。

段階的に進められる開発

ワクチンの臨床試験は、病気に罹っていない健康な被験者に対して実施する試験であることに注意する必要がある。臨床試験は、**第1相・第2相・第3相**の3段階から構成される（**図2-1**）。

第1相では、100人以下の比較的少数の健康人を対象にして、安全性や免疫原性などについて国が定めた方法で試験する。第2相では、数百人の健康人を対象に、第1相よりも少し量を増やして安全性や免疫原性や適切な投与量などを試験する。なお、治療薬を試験する場合は、第2相以降、その病気に罹った患者が被験者になる。第3相では、数千人という大規模な健康人で年齢や性別などの多様性を考慮した集団に対して、安全性や有効性を試験する。

第1相から第3相まで段階的に実施され、十分な結果が得られない場合は次の段階に進むことができない。ただし、第1相と第2相、第2相と第3相のように2段階を連続して実施することもある。

ワクチン開発を含めた医薬品に関する各国のルールは、後で説明するように、国際的な調整が行われるしくみがあり、先進国では概ね共通となっている。

莫大な費用

ワクチン開発には、最大15年の期間と莫大な予算がかかる。製造承認を得られるのはワクチン候補の10分の1未満である。その前段階として、新しいワクチン抗原や免疫に対する新しいアプローチを発見するための研究には数年を要し、何千万ドルもの費用がかかると言われている[*2]。

図2-1　ワクチンの開発プロセス
注）第4相は、最適な使用法などの情報を得るために製造販売後に実施する臨床試験。

2.1.2 メッセンジャー RNA ワクチン

新型コロナウイルス感染症のワクチン

　私たちが、パンデミックの間に新型コロナウイルス感染症の予防として受けたワクチンの多くはメッセンジャー RNA ワクチン（mRNA ワクチン）だった。このワクチンを創り出したカタリン・カリコ博士は「COVID-19 に対する効果的なメッセンジャー RNA ワクチンの開発を可能にしたヌクレオシド塩基修飾に関する発見」で 2023 年にノーベル生理学・医学賞を受賞した[*3]。

メッセンジャー RNA ワクチンのしくみ

　そのしくみは次のとおりだ（図 2-2）。遺伝子の実体である DNA の塩基配列が、細胞核のなかでメッセンジャー RNA に写し取られ、これが細胞質において鋳型となってタンパク質を合成する。こうした機能を活用して、新型コロナウイルス感染症の抗原となるタンパク質を創り出すメッセンジャー RNA を人工的に作り出し、これを人体に筋肉注射で接種するワクチンを開発した[*4]。

　このように書くと簡単そうだがそうではない。免疫反応を適切に制御する技術、メッセンジャー RNA を合成する技術、狙った場所や細胞にメッセンジャー RNA を届ける技術（ドラッグデリバリーシステム）など、複数の技術の粋が集まったものである。米国で免疫学を研究する友人に聞いたら、メッセンジャー RNA をワクチンに使おうという発想は以前からあったが、体内ですぐ壊れるし、免疫反応の制御も困難なので実用化は無理だろうというのが専門家の評価だったとのことだった。「専門家の常識」にチャレンジしたところに、カリコ博士たちのすばらしさがあるのだろう。

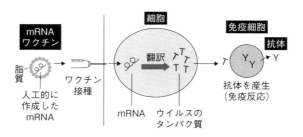

図 2-2　メッセンジャー RNA ワクチンのしくみ

2.2
医薬品開発や医療体制に関する社会の変化と対応

2.2.1　医薬品としての安全性と有効性を担保するルール

　ワクチンは医薬品の一種である。日本では、「**医薬品、医療機器等の品質、有効性及び安全性の確保等に関する法律**」（**薬機法**）にしたがって、安全性と有効性を確保するように開発されている。臨床試験の手続きは、先ほど説明したとおり、三段階に分かれている。では、こうしたルールがどのようにできたのかを見てみよう。

米国におけるルールの発展

　米国においては、子どもを中心に107人の死者を出したエリキシール・スルファニルアミド（Elixir Sulfanilamide）事件という薬害が起きたことを受け、1938年に「連邦食品・医薬品・化粧品法」が制定された。この法律により、

- 新薬は、安全性に関する証拠を示すなど、**食品医薬品局**（**FDA**: Food and Drug Administration）への新薬承認申請手続きを経なければ市販できない
- すべての医薬品の表示として、その有効成分名と一定の効能成分の量を示す必要がある

など、規制が強化された[*5]。

　FDAの審査官が慎重な審査を行ったため、米国においてはサリドマイドの被害の発生が未然に防止された。薬事規制の重要性が認識され、1962年にはより強い規制を加えた「キーフォーバー・ハリス医薬品改正法」によって「連邦食品・医薬品・化粧品法」が改正され、市販前の医薬品の安全性に加え、有効性の確認が求められるようになった[*6]。

日本におけるルールの発展

　日本では、1960年に公布された「**薬事法**」において、医薬品の承認許可制度

28　第Ⅰ部　ライフサイエンスの進歩と社会的課題

などといった現在の薬事制度の骨格が示された。その後の**サリドマイド事件**や**スモン事件**などの薬害事件を教訓として、医薬品の安全性確保のために医薬品の承認及び許可時の確認が強化された。そして 2013 年に、薬事法は、医療機器や再生医療などの適切な規制などを組み入れた「**医薬品、医療機器等の品質、有効性及び安全性の確保等に関する法律**」（薬機法）に改正された。

日米欧の協調

　医薬品の臨床試験を実施する際に企業や医療機関が守るべき基準として、**GCP**（Good Clinical Practice）というルールがある。日・米・EU の三極の薬事規制当局と製薬企業連合会の代表で構成され、薬事規制の調和を目的として設立された「日・米・EU 医薬品規制調和国際会議（ICH: International Conference on Harmonization of Technical Requirement for Registration of Pharmaceutical for Human Use)」において検討が行われ、1996 年に ICH-GCP ガイドラインとして合意された。そして、日本においては、薬事法（現在の「医薬品、医療機器等の品質、有効性及び安全性の確保等に関する法律」）に組み入れられ、同法の下の省令として位置づけられた[7]。

ワクチンの安全性と有効性の科学的確認

　このように、薬害の経験などを経て、被験者を保護しつつ、安全性と有効性が公的機関によって確認され、国際的にも調整された医薬品の研究開発制度が整備されてきた。ワクチンもこの制度の下で安全性と有効性が確認されているもののみが使用できる。新型コロナウイルス感染症のパンデミックの際には、ワクチンや治療薬の候補について、承認手続きが遅いなどという批判が聞こえたが、安全性と有効性を科学的に確認することは必須であることを忘れてはならない。

2.2.2　疾病構造の変化と医療体制

感染症から生活習慣病へ

　今から約 100 年前、**スペイン風邪**というインフルエンザが世界中で流行し、多くの人々が亡くなった。日本も例外ではなかった。恐ろしかったのはインフ

ルエンザだけではない。20世紀前半までの日本では、**結核**が国民病と言われる
など、さまざまな**感染症**で命を落とす人が多かった。だが第二次世界大戦後、
抗生剤をはじめとした医薬品が開発され、治療ができるようになった。**X線撮
影**装置のおかげで結核が早期に診断できるようにもなった。

　また、経済的に豊かになり、飢えから解放されて食べることに困らなくなる
とともに、清潔で衛生的な環境を得られるようになった。このように医療の発
展だけでなく、栄養状態も暮らしの環境も向上したことにより、人々は感染症
にかかりにくくなった。そのため、乳幼児死亡率も大きく低下した。こうして
疾病構造が大きく変化し、生活習慣が大きく影響する心疾患や脳血管疾患やが
んが主たる死因となった。

医療体制と研究内容の変化

　疾病構造の変化に応じて、医療の体制や医学研究の内容も移り変わった。す
なわち、医療の体制も、それを支える医学研究も、そして医師や看護師等の医
療者、研究者等の人的資源も、がんや生活習慣病の対策に重心が移った。医療
資源には限りがあるため、これは感染症への対策が弱まったことを意味する。

　そうしたところで、新型コロナウイルス感染症の**パンデミック**が起き、たく
さんの方が感染し、亡くなられた。例えば、新型コロナウイルス感染症に罹患
しているかどうか不明の発熱患者が救急搬送されても、自宅待機を要請される
など、**医療崩壊**ともいえるような問題も起きてしまった。

2.2.3　感染症の対策について

　ワクチンや医薬品は重要だが，感染症との闘いの歴史を見れば，これらだけ
で解決するわけではない。私はパンデミックが始まってからまだ半年くらいだ
った 2020 年 6 月に行われた広井良典 京都大学教授との対談で，「個人的な見
解ですが、治療薬とワクチンができれば解決するだろうと思っている人もたく
さんいるようです。しかし、感染症の歴史を見ると、たとえば細菌による病気
だったら、抗生剤やX線撮影装置ができたことだけでは解決しなかったのでは
ないでしょうか。衛生状態や栄養状態の改善といった社会経済的な対策もあっ
たからこそ、ある程度感染症を克服できました。今後の感染症対策でも、ワク

30 第Ⅰ部　ライフサイエンスの進歩と社会的課題

チンや治療薬に頼り過ぎず、広がりをもって考えないといけない。学問として
も総合的に捉えていくことが必要だと思います」と述べた[8]。

　感染症のコントロールには、ウイルス等の病原微生物の解明、ワクチンや医
薬品の開発などの生物・医学的な知見に加え、人々の行動、経済的な影響、治
療やワクチンの優先度などの研究といった**総合知**のアプローチが必要だと考え
られる。

2.3 新型コロナウイルス感染症への対応

2.3.1 専門家の知見は活かされたか

政府と専門家との関係

　新型コロナウイルス感染症のパンデミックに関する米国の対応を報道などで見ると、米国の感染症の専門家であるアンソニー・ファウチ博士のような専門家や、疾病予防管理センター（CDC: Center for Disease Control and Prevention）のような専門機関が大きな役割を果たしているように見える。

　では、日本においては専門家の知見はどのように活かされただろうか。新型インフルエンザ等対策有識者会議会長の尾身茂博士の姿をテレビニュースで見ない日はなく、パンデミック対策に力を注いでいることがうかがわれた。しかしながら、コロナ対策専門家会議の委員、厚労省の主な行政官、政治家等に対して2020年1月から7月までの間インタビュー行った内容をまとめた書籍[9]や菅総理大臣の番記者が書いた書籍[10]を読み解くと、医学者をはじめとする科学的助言者と政策を実行する政治家との間で十分な信頼関係が築けていなかったことが推し量れる。

日本では感染率も死亡率も低かった

　医師でもある法学者の米村滋人 東京大学教授は、日本の新型コロナ対策は失敗だとし、その背景に、政府部内の「専門家」の見解に偏りがあり、外部専門家の指摘が十分に顧慮されていない問題が存在することを指摘している[11]。ただ、専門家の知見を十分に取り入れて政策に反映できなかったという問題もあったかもしれないが、人口あたりの感染者数や死者数を見ると、諸外国に比べて日本は低く抑えている（図2-3）。

　テレビのワイドショーなどでは連日政府の対策の批判をしていて、日本の対策はひどいと思った人は多いと思う。私は、政府としての対応は、試行錯誤があり、ときには疑問な対策もあったが、感染症のコントロールは先進国のなかでもよくできていたと考えている。これは感染症の専門家も同様の認識であろ

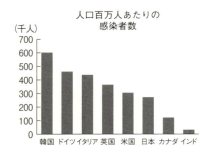
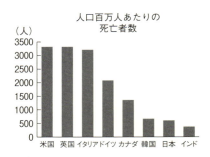

図2-3 新型コロナウイルス感染症による患者数と死亡者数（2023年5月2日時点）
（https://ourworldindata.org/ より作成）

う。どこの国も試行錯誤をしていたのだ。

　米国では，専門家の科学的助言が行われ，ワクチンも治療薬も世界に先駆けて実用化されたが，新型コロナウイルス感染症のコントロールが他の国よりも著しく優れていたわけでもない。こうしたことになった理由については今後の研究が待たれる。

日本における問題

　今回は、医療現場の方たちの奮闘や国民の協力があったからこそ対応が可能だったのであろうが、今後は体系的な政策の準備が求められる。日本では、政府として科学的な助言を適切に受け，それを活かすことが制度化されていなかった点に問題があったと思われる。政府と専門家の役割分担が明確になされ、それぞれが説明をしていたならば、講じられた政策は国民からもっと信頼されていた可能性はあるだろう。私は、日本において、病床数が足りなかったり，新型コロナウイルス感染症や他の疾患の救急患者の受け入れができなかったりなど、一部で医療の機能が果たせなったことが起きたのは残念だったと考えている。

新型インフルエンザの教訓

　2009年に新型インフルエンザが日本で流行したことをふまえ、厚生労働省は、2010年に今後の感染症を対策のために「新型インフルエンザ（A/H1N1）対策総括会議　報告書」をとりまとめていた[*12]。その指摘事項を紹介しよう。

- 国立感染症研究所や厚生労働省といった組織に関して、国立感染症研究所については、米国CDC（疾病予防管理センター）をはじめ各国の感染症を担当する機関を参考にして、よりよい組織や人員体制を構築すべきである。
- 厚生労働省における感染症対策に関わる危機管理を担う組織においては、感染症に関する専門的知識を有し、かつコミュケーション能力やマネージメント能力といった行政能力を備えた人材を養成し、登用、維持すべきである。
- リスクコミュニケーションについて、パンデミック時に、わかっている情報を国民に対して公開するとともに、専任のスポークスパーソンを設けることにより、複数の情報が流れないよう、また、仮に誤った内容の報道がされた場合には正しい内容を伝えることができるよう、広報責任主体を明確化するとともに、広報内容の一元化を図るべきである。

活かされなかった教訓

　現実としては、国立感染症研究所の組織人員体制や予算は充実されるどころか、縮小傾向にあった。また、厚生労働省も、急遽専門家を参集したり、省内外から人員を集めたりするなどで対応していた。これは、厚生労働省だけに責任があるのではなく、政府全体としてパンデミック対策にもっと資源を振り向ける判断をする必要があったのだと思われる。

　また、政府のスポークスパーソンが一元的に対応することは、パンデミックだけでなく、危機対応においてたいへん重要なことである。新型インフルエンザの対策を担った専門家や官僚が、知識や経験を継承しようとしてこのような報告書をとりまとめたのにもかかわらず、今回の新型コロナウイルス感染症の対策に十分活かされなかったのは残念なことだ。

2.3.2　日本におけるワクチン開発の遅れ

ワクチン開発の遅れの分析報告書

　ワクチンや治療薬の開発について，米国は早かったが，日本の歩みは遅かった。日本における**ワクチン開発**が遅れたことの理由や背景については，文部科

34　第Ⅰ部　ライフサイエンスの進歩と社会的課題

学省の科学技術・学術政策研究所が報告書を公表している[13]。これは私が同研究所の所長時代に当時の萩生田文部科学大臣からの命を受けて調査したもので、政府の課題、研究開発の課題、アカデミアの課題、産業界の課題に分けて指摘している。その内容を簡単に紹介しよう。

政府の課題

まず、政府の課題として、次のことが指摘されている。

- 平時から有事を想定した司令塔を国に設置し、ワクチンの開発、製造、供給等に関わる企業やアカデミアの関係者がそれぞれの役割を効率的・効果的に果たすこと
- 平時において、薬事承認までを視野に入れてすべての関係者を巻き込んだ研究開発体制を整備しておくこと
- さまざまな専門領域が連携した研究事業の創設、切れ目のない資金提供のしくみを作ること
- 企業へのインセンティブとして、政府によるワクチンの買上げや定期接種化等が必要であること

研究開発に関する課題

また、研究開発の課題としては、次のことが挙げられている。

- パンデミックに対し国全体で総力をあげて対処するという有事の体制になっていなかったこと
- パンデミックに対する研究体制を平時に整備していなかったこと
- 疾病構造の変化により医学研究における感染症の位置づけが低下し、感染症に関する研究事業や研究者が少なくなっていたこと

アカデミアの課題

次に、大学等のアカデミアの課題として、次のことが指摘されている。

- 緊急時においてワクチン開発を迅速に行うために、平時において研究拠点を設置して、ワクチンの研究から開発までワンストップで進められる

ような体制がなかったこと
- 緊急時における感染症患者の検体採取から検査、登録までのプロセスに滞りがあったこと

ヒトを対象とする研究を行う際には、倫理審査委員会の審議が必要だ。しかし、そもそもこうした委員会は1ヵ月に一度程度の開催頻度であったことに加え、新型コロナウイルス感染症の当初は大学が閉鎖されるなどして、開催ができないなどの問題もあった。

産業界の課題
産業界の課題としては、次のことなどが指摘されている。

- 日本の製薬企業にとってのワクチン開発は、抗がん剤などと比べて市場規模が小さく、平時における収益があまり見込めないため、必ずしも魅力的な事業ではないこと
- 海外企業と比較して日本企業の事業基盤が小さいこと
- 他の医薬と比べて高度な製造技術を必要とすること
- 核酸ワクチンのような新しいタイプの技術に対応していなかったこと

政府の対応
日本においてワクチンの開発が遅れたことから、政府は「ワクチン開発・生産体制強化戦略」を2021年6月1日に閣議決定し、国家としてワクチンの開発や生産を強化することとした。その実現のため、2021年度の補正予算で8101億円を用意した。この戦略をふまえて、2022年3月、感染症有事に対する国策としてワクチン開発を迅速に推進できるように、平時からの研究開発を主導する体制として、**日本医療研究開発機構（AMED）**に**先進的研究開発戦略センター**（**SCARDA**: Strategic Center of Biomedical Advanced Vaccine Research and Development for Preparedness and Response）が設置された。

SCARDAの役割は、平時には、ワクチン開発に関する広範な情報収集・分析を行い、感染症有事を見据えた戦略的な研究費のファンディングへとつなげることである。また、ワクチン・新規モダリティ研究開発事業とワクチン開発のための世界トップレベル研究開発拠点の形成事業を実施し、平時・有事を通

36　第Ⅰ部　ライフサイエンスの進歩と社会的課題

じたマネージメント、全体調整を担うことになっている。体制と資金は用意されており、実際に機能させることが重要なミッションである。

2.3.3　ワクチンに対する国民の意識

新型コロナウイルス感染症に対する国産ワクチン開発は遅れ、国民は輸入されたワクチンを接種した。2023 年 11 月現在で、国民の約 8 割が 1 回以上のワクチン接種を受けている。日本の国民のワクチンに対する意識はどのようなものなのかを見てみよう。

日本人はワクチンに懐疑的？

新型コロナウイルス感染症のパンデミックが起きる前の 2016 年に、ワクチンへの信頼度について、アフリカ、欧州、米大陸、アジアの 67 ヵ国を比較した研究がある[14]。この研究によると、「ワクチンは安全だと思う」に肯定的な回答をした率は、67 ヵ国の国民のうち日本の国民は 65 位であった。後に続くのは、ボスニア・ヘルツェゴビナとフランスだけであり、また、「ワクチンは効果的だと思う」に肯定的な回答をした率は 48 位であった。日本の国民がワクチンに対して懐疑的な傾向にあったことがうかがわれる。

科学技術・学術政策研究所が 2021 年 6 月及び 7 月にインターネット上で、15 歳から 69 歳の男女各 1500 人に対して行った調査がある[15]。それによると、積極的な回答者（「接種した」または「接種しようと思う」と「どちらかというと接種しようと思う」の合計）の割合は 4 分の 3 （74％）、消極的な回答者（「接種していない」または「接種しようと思わない」と「どちらかというと接種しようと思わない」の合計）の割合は 4 分の 1 （26％）であった（**図 2-4**）。また、年齢層に着目すると、高年齢層ほどワクチン接種に積極的な割合が高く（50〜60 歳代で約 80〜90％）、若年層ほど消極的な割合が高い（10〜20 歳代で約 30〜40％）という結果だった。どの年齢も総じて接種意向が高いことがわかった。また、将来接種したいワクチンとして、国産のワクチンと外国産のワクチンのどちらを好むかについては、国産を好む回答者が 58％と過半数を示した。

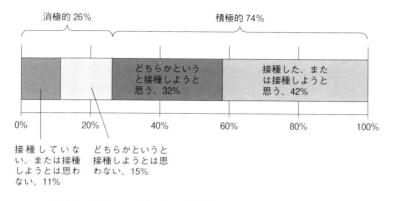

図 2-4 新型コロナウイルス感染症ワクチンへの一般人の意識

2.3.4 ワクチンの効果と副反応

ワクチンの副反応

ワクチンの**安全性、有効性、副反応**については、さまざまな見解がある。メッセンジャー RNA を活用したワクチンは、新型コロナウイルス感染症以前にはなかったものだ。前述のとおり、安全性や有効性の確認は各国とも法令に則って行われている。そうであっても、ワクチン接種後に亡くなられたという報告もあり、不安に思う方は多いだろう。

また、発熱等の副反応を経験された方も数多くいる。私は、6 回のワクチン接種を受け、発熱や腕の痛みの副反応もあった上に、新型コロナウイルス感染症に感染し、39 度以上の発熱があった。ワクチンの効果や副反応は統計的に示されるので全体の傾向はわかるが、いったい自分自身にどのくらいの効果があるのか、どのような副反応があるのかがわからない。そのため理解することが難しい。

英国における副反応の調査

ワクチンの副反応や有害事象についての研究や調査が行われ、結果が公表されている。例えば、英国の子ども 510 万人について、新型コロナウイルス感染症のワクチン接種と感染をフォローした研究結果が発表されている[16]。

この研究によると、5 〜 11 歳では、ワクチン接種後 1 〜 42 日目に有害事象

のリスク増加は見られなかった。また、12〜17歳では、1回目および2回目の接種後に、それぞれ100万人あたり3件及び5件の心筋炎の追加症例が発生すると推定された。2回目の接種後、100万人あたり、てんかんによる入院が12件、脱髄疾患（主に視神経炎）による入院が4件と推定された。新型コロナウイルス感染症の感染は、多系統炎症症候群や心筋炎など入院リスクの増加と関連していたが、感染前にワクチン接種を受けた人ではこれらのリスクはほとんど見られなかった。このように、18歳未満の新型コロナウイルス感染症のワクチン接種について、リスクはゼロではないが、安全性は良好であることが報告されている。

米国における副反応の調査

また、米国のナショナル・アカデミーは、米国厚生省からの要請を受けて、「Evidence Review of the Adverse Effects of COVID-19 Vaccination and Intramuscular Vaccine Administration（COVID-19ワクチン接種と筋肉内ワクチン投与の副反応に関するエビデンスレビュー）」という報告書を公表している[17]。専門家による委員会を立ち上げ、米国内で使用されたワクチンによる潜在的な有害性に関する根拠（エビデンス）について評価した。

その概要として、心筋炎のようにワクチン接種との関係が認められたものもあるが、不妊のように認められなかったものもある。また、因果関係を認める、あるいは拒否するには十分な証拠がないものもあったとのことだ。

副反応の調査の重要性

日本においても政府が日本学術会議にこのようなレビューを依頼し、同会議がそれに応えるような報告書を作ることができたならば、両者への信頼度が高まるのではないかと思う。

今後このような調査研究が積み重ねられ、新型コロナウイルス感染症のワクチンに対する検証が行われることになるのだろう。インターネット上ではさまざまな言説が飛び交っているが、科学的な評価がわかりやすい形で広がることが必要である。

2.3.5　ワクチン獲得の国家間格差

多くのワクチンを獲得した日本政府

　日本政府は 2024 年 4 月に、期限切れとなった新型コロナウイルス感染症用のワクチン 2 億 4 千万回分を廃棄する見通しだと発表した。日本はかなり多めのワクチンを海外から輸入できたことになる。捨ててしまったことをもったいないと批判することは可能であるが、もし、足りなければもっと大きな批判を受けたであろう。

　新型コロナウイルス感染症は世界中で流行したので、各国政府は自国民のためにワクチンを確保しようと努力した。ワクチンをはじめとした感染症に関する医薬品は、経済安全保障上も重要な物資である。日本政府では当時の菅総理大臣自らが、ワクチンを製造している会社の経営トップと話をするなど、大きな努力をして確保した。日本は、日ごろから良好な関係を築いていたことに加え、経済的にも豊かな国であったことから十分なワクチンを入手することができた。

開発途上国と先進国との格差

　しかし、開発途上国のなかには、資金の不足や、すでに別の国が確保してしまっていて、十分な量のワクチンを確保できなかった国もある。ワクチン確保に関する格差が国家間で生じたのである。ユニセフによると、G20 諸国が受け取っている新型コロナウイルス感染症（COVID-19）ワクチンの量は、サハラ以南のアフリカ諸国と比較して、国民 1 人あたり 15 倍も多いとのことだ[*18]。

　このような格差にどう対応するかは大きな課題である。どの国の政府も自国民のために十分なワクチンを確保したいと考えるだろう。また、国民もワクチンの供給に余裕があれば他の国に譲ることには寛容だろうが、自分たちにも行き渡らないのに、外国の国民にワクチンを渡すことを支持しないであろう。

WHO の努力

　WHO（世界保健機関）の加盟国は、新型コロナウイルス感染症の世界的流行への対応が遅れたことの反省から、国際的な感染症対策を強化するための「パンデミック条約」の制定をめざしたが、2024 年 5 月の WHO 総会までには

間に合わなかった。条約の草案には、製薬企業から新興国への技術移転や
WHOへの医薬品供給などが含まれていた。

　開発途上国が、ワクチンに関する技術移転やその配分はパンデミック対策に
不可欠だと主張したのに対して、先進国は、製薬企業の収益を確保して研究開
発を促す必要があると主張したとのことだ。国連機関で頻繁に起こる南北の対
立がここでも見られた。

■考えてみよう

☞有名な医薬品研究者が、この薬は新型コロナウイルス感染症に効くから
　国は早急に認可するべきだと主張している。どのような対応をしたらよ
　いだろうか。
☞開発途上国でワクチンが不足しているとき、その解決のためにどのよう
　な方策があるだろうか。

第Ⅱ部

先端生命科学と
ルール

3章 ゲノム編集

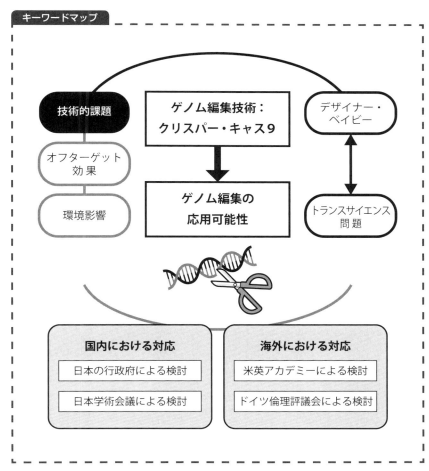

クリスパー・キャス9というゲノム編集技術を創り出した研究者はノーベル化学賞を受賞した。さまざまな応用が期待されるが、他方で、倫理的・法的・社会的課題もあり、国内外で検討された。ゲノム編集に対するさまざまな動きを見てみよう。

3.1 ゲノム編集の概要と期待

3.1.1 ゲノム編集とは何か

　第1章で、ヒトゲノムは私たちの体の設計図のようなもので、約2万の遺伝子からなると説明した。この遺伝子に意図的に別の遺伝子を挿入したり、遺伝子の働きを止めたりするなど、「編集」をする技術が開発された。人類は遺伝のしくみを解明したが、今度はそれを操作する技術を手に入れたのだ。

　遺伝子を編集する技術である**ゲノム編集**にはいくつかの種類があるが、ここでは代表的で使いやすいと言われる**クリスパー・キャス9**（CRISPR-Cas9）を取り上げよう。2020年にノーベル化学賞を受賞したエマニュエル・シャルパンティエ（Emannuelle Charpentier）博士とジェニファー・ダウドナ（Jennifer A. Doundna）博士が共同で創り出した技術で、いわば分子の「ハサミ」と「ノリ」で**DNAの切り貼り**ができるというものだ（図3-1）。標的となるDNAの配列を見つけ、その部分を切断し、遺伝子の働きを失わせたり、挿入したい遺伝子を入れ込んだりすることができる。

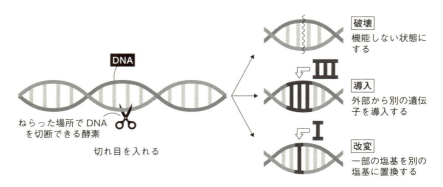

図3-1　ゲノム編集のイメージ

3.1.2 ゲノム編集への期待

このゲノム編集はさまざまな活用が期待される。日本におけるゲノム編集の第一人者である山本卓 広島大学教授は、その著書において、産業分野での可能性として、次の7つを紹介している[1]。

①ゲノム編集で有用物質を産出する微生物を作り出す
②ゲノム編集を作物や果実の品種改良に利用する
③除草耐性の作物をゲノム編集で作る
④養殖魚のゲノム編集
⑤家畜でのゲノム編集の必要性
⑥ゲノム編集は食物アレルギーの問題を解決する
⑦ゲノム編集でスギ花粉症を抑える

医療への応用も期待が大きい。ゲノム編集技術は、望ましくない遺伝子を切り取ったり、別の遺伝子と置き換えたりして、発症を抑えることができ、**遺伝子治療**を推進すると考えられる。

また、ゲノム編集技術には、特定の塩基配列への結合を行うが、DNA の切断や塩基配列の改変を行わず、遺伝子発現を制御又は抑制するシステムに影響を及ぼすような技術も存在する。すなわち、遺伝子の切り貼りをせずに、遺伝子の働きをコントロールする技術もあるということだ。さらには、細胞の核内に存在する DNA のみならず、遺伝子発現の過程で転写され生じる mRNA やミトコンドリアに存在する DNA に対しても適用される技術もある。

このようなことから、遺伝子治療をはじめとして医療分野における応用が広く発展することが期待されている。

46　第Ⅱ部　先端生命科学とルール

3.2　ゲノム編集に関わる社会的課題

3.2.1　想定されるさまざまな課題

思わぬ場所に遺伝子が入ってしまう可能性

　遺伝子編集技術は、応用範囲が広いが、想定される社会的課題もさまざまだ。遺伝子編集技術は高い精度で遺伝子を改変できるとはいえ、狙った標的以外の遺伝子を切断したり、狙った場所以外に遺伝子を入れ込んだりする**オフターゲット効果**という問題をはらんでいる。これにより、予期しない突然変異が生じる可能性があり、遺伝子治療に用いた場合に、細胞のがん化や他の疾患を起こすリスクがある。また、ゲノム編集によるDNAの切断は、**染色体の不安定性**を引き起こすリスクがあり、ゲノムを構成する塩基が失われたり、目的外の配列に挿入されたりするおそれがある。

　さらに、ゲノム編集によって挿入した遺伝子が、他の遺伝子にどのような影響を与えるのか、そしてその生物に長期的にどのような影響を与えるのか、などは今後の研究が待たれる。

環境への影響

　遺伝子を改変したマウスなどの実験動物が、研究室から逃げ出して、野生のマウスと交配することも防ぐ必要があるだろう。遺伝子を操作して短期間で大きくなるサケを養殖場で飼育するのはよいだろうが、それが放流されたら自然界の秩序を乱すかもしれない。遺伝子を改変して干ばつに強くした稲や小麦は歓迎されるかもしれないが、他の植物への影響も評価する必要があるだろう。

英知を集めた対応

　このように、さまざまな課題やリスクが存在するが、有用性が期待される技術でもある。だからこそ、日本においても、また、国際的にもさまざまな観点から検討が行われた。こうした新しく出現する技術に対して、問題点を早期に予見し、対応を考えていくことが重要となっている。また、安全性（リスク）

の懸念に対しては、従来から積み重ねられてきた**リスク評価**の方法もある。ゲノム編集の研究者にすべてを委ねるのではなく、さまざまな分野の専門家の英知を集めて対応することが重要である。

3.2.2 デザイナー・ベイビーの可能性

あらかじめ設計された赤ちゃん

ゲノム編集技術で最も注目された課題は、胚の段階で遺伝子を操作してしまうことで、設計された「理想の赤ちゃん」（**デザイナー・ベイビー**）を産み出すことが空想の世界ではなくなり、現実世界での可能性が高まったことだ。

育ってしまった人間の遺伝子改変は体の一部の細胞しかできないが、受精した段階、あるいは精子や卵子の段階で遺伝子が操作されると、体のすべての細胞が改変されたものになり、それは次の世代にも引き継がれることになる。それゆえ、ヒトに対する遺伝子編集はどこまで認められるのかについての検討が必要だ。

また、前項でも述べたように、「オフターゲット効果」があるなど、遺伝子編集は精度が高いとはいえ、受精胚の遺伝子を自在に、かつ確実に変えられるほど完全なものではない。遺伝子を変えたことによる他の遺伝子への影響についてもまだよくわかっていない[*2]。

デザイナー・ベイビーの誕生

このように研究の段階から危惧されていたデザイナー・ベイビーであるが、2018 年 11 月、中国の南方科技大学の研究者が、受精胚にゲノム編集を行い、双子の女児を誕生させたということが発表された。エイズウイルス（HIV）陽性の夫のもとに生まれる子が HIV に感染しないよう、HIV 陰性の妻の卵子との体外受精で得た受精胚にゲノム編集を行ったというものだ。エイズウイルスへの対応については、他者への感染を防ぐ確立された方法があり、受精胚の遺伝子編集という未確立の技術を使う必要があったかどうか疑問である。

また、多くの人たちが危惧していたなかで科学者が独断で実行してしまったため、人々や社会の科学への信頼を失うおそれもある。ゲノム編集のような社会的インパクトが大きい科学技術の研究は、11 章で述べるように、社会から信

48　第Ⅱ部　先端生命科学とルール

頼を受けることが重要である。

3.2.3　社会的課題の検討の方向性

科学技術だけでは解決できない科学技術の課題

　このような問題ついては、国内でも国際社会においても多くの検討がなされており、その状況は複雑である。これらの議論に参加している加藤和人 大阪大学教授は、経緯と現状を整理するとともに、「今後は、医学や生命科学以外の専門家、市民、患者などを含む多様な分野の人々が参加し、分野横断的な世界規模の議論を行うことがこれまで以上に重要となる」と指摘していた[3]。

　ゲノム編集技術に関するさまざまな課題は、ゲノム編集という科学技術から発生する課題であるが、科学技術だけでは解決できない、いわゆる**トランスサイエンス**の典型的な問題である。

総合的なアプローチが必要

　こうした問題を考察し、解決するためには、細分化し深化する今までの学問とは逆に、関係するさまざまな学問の知恵を集める**総合知**によるアプローチが必要となっている。

　そして、進めてもよいのか、どの程度ならよいのか、関係者の考えはどのようなものなのか、消費者やユーザーとなる国民の立場からはどのように見えるのかなどを考えなければならない。やってはいけないことなら、禁止するルールを作らなければならないし、リスクを制御しながら進めようとするのなら、それに応じたルールやシステムを作る必要がある。

3.3 課題に対する日本での検討

3.3.1 日本の行政府における検討

総合科学技術・イノベーション会議第一次報告書

日本の行政におけるゲノム編集の規制について、行政による検討の経緯を見てみよう。ゲノム編集は研究の進展の速い分野であり、それに応じて新たな倫理的・法的・社会的課題が生じ、さらに、それらへの対応も大きく動いている。以下に紹介するように、政府はかなり詳細な検討を行ってきた。

国の科学技術・イノベーション政策を横断的に検討し、推進する**総合科学技術・イノベーション会議**（CSTI）に設置された**生命倫理専門調査会**において、ヒト受精胚のゲノム編集技術の応用について検討が行われてきた。2018年3月、「『**ヒト胚の取扱いに関する基本的考え方』見直し等に係る報告（第一次）～生殖補助医療研究を目的とするゲノム編集技術等の利用について～**」（以下「**第一次報告書**」）が取りまとめられた。

このなかで、生殖補助医療の目的で作製されたが使われなかった胚である**余剰胚**を用い、生殖補助医療の研究を目的に、ゲノム編集技術を利用する研究を行うことは認められるべきという見解が示された。また、文部科学省及び厚生労働省に対して、そうした研究をするための指針の速やかな策定を求めた。

文部科学省と厚生労働省による指針の策定

これを受けて両省は合同で、ゲノム編集技術をはじめとする遺伝情報改変技術等を用いた研究のうち、生殖補助医療目的に用いる予定がないヒト受精胚を用いた生殖補助医療の向上に資する基礎的研究を行うにあたり、当該研究に携わる者が遵守すべき事項を定める指針の検討を行った。そして、2019年4月、「**ヒト受精胚に遺伝情報改変技術等を用いる研究に関する倫理指針**（平成31年文部科学省・厚生労働省告示第3号）」（以下「**ゲノム編集指針**」）を公布、施行した。

総合科学技術・イノベーション会議第二次報告

2019 年 6 月、CSTI において、「『ヒト胚の取扱いに関する基本的考え方』見直し等に係る報告（第二次）〜ヒト受精胚へのゲノム編集技術等の利用について〜」（以下「**第二次報告書**」）が取りまとめられた。この報告書では、当時考えられるさまざまな基礎的研究について、その科学的妥当性と社会的妥当性について詳細に検討されている。詳しい検討をされた委員及び事務局の努力は高く評価されるべきである。

ただし、報告書に書かれているような精子、卵子、胚などのゲノム編集に関する個々の研究内容の検討は、日本学術会議のような専門知を有する科学者が集まっている組織が行い、検討結果を総合科学技術・イノベーション会議に報告するという手順のほうがよかったと思う。

この第二次報告書のなかでは、ゲノム編集技術等を用いた基礎的研究におけるヒト胚の取扱いの方向性に関する見解として、

①ヒト胚の人又は動物への胎内移植
②疾患関連目的以外の研究（能力向上等）

を容認しないことを前提とした。すなわち、個体の発生やエンハンスメントにつながる研究を認めないこととした。その上で、

③遺伝性・先天性疾患研究を目的とした、余剰胚にゲノム編集技術等を用いる基礎的研究について容認すること
④生殖補助医療研究を目的とした、配偶子（精子と卵子）又は新規作製胚にゲノム編集技術等を用いる基礎的研究について容認すること

が適当とされた。そして、文部科学省及び厚生労働省において速やかに指針を整備し、個別の研究計画について適切に容認の可否を判断できる厳格な審査のしくみを構築することが求められた。

これを受けて両省は合同で検討し、改定した「ゲノム編集指針」と「**ヒト受精胚の作製を行う生殖補助医療研究に関する倫理指針**」（ART 指針）を 2021 年 7 月に公布、施行した。

中国における「デザイナー・ベイビー」誕生の影響

また、前述のように 2018 年 11 月には中国において、ゲノム編集技術を用いたヒト受精胚から双子が誕生したことが公表されるなど大きな動きがあった。このため、この第二次報告書では、「ゲノム編集技術の臨床利用に対して、法的規制のあり方を含めた適切な制度的枠組の検討が具体的に必要」とされ、また、「研究として行われる臨床利用及び医療提供として行われる臨床利用の双方に対する法的規制のあり方を含めた制度的枠組みの具体的検討が、国際的な議論の状況等もふまえ、適切な全体像の下にそれぞれの検討が整合性をもって進捗していることを確認されることが重要」であるとされた。

厚生労働省における法規制の考え方の検討

このような第二次報告書の指摘をふまえ、厚生労働省では、2019 年 8 月に厚生科学審議会科学技術部会の下に**「ゲノム編集技術等を用いたヒト受精胚等の臨床利用のあり方に関する専門委員会」**を設置し、有識者や関係団体からヒアリングを行うとともに、計 5 回にわたって、現時点ではゲノム編集技術等を用いたヒト受精胚等の臨床利用は容認できないことを前提に検討を行い、報告書が作成された[*4]。

そのなかでは、海外の規制動向もふまえて、「我が国においても規制の実効性が現状の制度以上に担保できるような制度的枠組を設けることが必要であり、本委員会では法律による規制が必要と判断した」と指摘されている。

なお、同報告書によると、英国、ドイツ及びフランスにおいては、ゲノム編集技術等を用いたヒト受精胚の臨床利用は個別法により罰則をもって禁止されており、米国においては、歳出予算法のなかで、当該技術を用いたヒト受精胚に関する臨床試験の承認審査を禁止しているとのことである。**表 3-1** に各国の

表 3-1　各国のヒト受精胚の臨床利用の規制状況

	米国	英国	ドイツ	フランス
根拠法	歳出予算法	ヒト受精胚及び胚研究に関する法律	胚の保護に関する法律	生命倫理法
ゲノム編集技術による受精胚の臨床利用	連邦予算の支出を禁止	禁止（罰則）	禁止（罰則）	禁止（罰則）

52 第Ⅱ部 先端生命科学とルール

法令による規制状況の概略を示す。

総合科学技術・イノベーション会議第三次報告書

さらに検討は続き、2022 年 2 月「『ヒト胚の取扱いに関する基本的考え方』見直し等に係る報告（第三次）: 研究用新規胚の作成を伴うゲノム編集技術等の利用等について」（以下「第三次報告書」）がとりまとめられた。

そのなかで、「研究用新規胚を作成して行う研究を実施する際には、配偶子の提供を受ける必要があり、特に卵子の提供者からのインフォームド・コンセントの取得等、余剰胚とは異なる側面をもつことに留意すべき。こうした側面をふまえれば、研究用新規胚を作成して行う研究は、それ以外の方法で実施できないものに限るべきであり、卵子の提供に当たっての配慮の十分な確保も併せて、ART 指針における規定に留意した適切な運用が確保されるべき。このような考え方をふまえつつ、個別研究計画において適切な審査が行われることを前提に」、新たに作製する胚についてゲノム編集技術等を用いる遺伝性・先天性疾患研究は容認されるべきとされた。

また、長期間にわたってゲノム編集を含めて、ヒト胚のあり方についてかなり詳細な検討が行われてきたが、「本報告をもって、ゲノム編集技術等を用いるヒト胚研究に関する検討には、一定の区切りを付けることとなる」とされた。第 6 章で紹介する「ヒト胚モデル」の研究が進展し、その生命倫理の観点からの検討に注力する必要があったからだと思われる。

こども家庭庁、文部科学省及び厚生労働省による指針改定

第三次報告書を受けて、文部科学省、厚生労働省と新たに設立されたこども家庭庁が合同で指針を改定した。ART 指針とゲノム編集指針の適用範囲を明確化するため、ART 指針の名称を「ヒト受精胚を作成して行う研究に関する倫理指針」（新規胚研究指針）とし、ゲノム編集指針の名称を「ヒト受精胚の提供を受けて行う遺伝情報改変技術等を用いる研究に関する倫理指針」（提供胚研究指針）に変更した。どの技術がどの指針に従う必要があるのかわかりにくいので、表 3-2 に整理した。

表 3-2　ゲノム編集技術が従うべき指針

| | 基礎的研究 | | 臨床利用 |
	余剰胚	新規胚	（研究、臨床）
ゲノム編集技術 （生殖補助医療研究）	第 1 次報告（2018 年 3 月）において容認。2019 年 4 月にゲノム編集指針を策定。	第 2 次報告（2019 年 6 月）において容認。2021 年 7 月に ART 指針を策定。	ヒトまたは動物の胎内への移植は現時点では認められない。 法的規制を含めた制度的枠組みを今後検討
ゲノム編集技術 （遺伝性・先天性疾患研究）	第 2 次報告（2019 年 6 月）において容認。2021 年 7 月にゲノム編集指針を策定。	第 3 次報告において容認。	

3.3.2　日本学術会議における検討

ゲノム編集技術に関する 2017 年提言

日本学術会議は、我が国の人文・社会科学、生命科学、理学・工学の全分野の約 87 万人の科学者を内外に代表する機関である。この日本学術会議は医学・医療領域における**ゲノム編集技術のあり方検討委員会**（23 期）の審議の結果として、2017 年 9 月に「我が国の医学・医療領域におけるゲノム編集技術のあり方」（2017 年提言）を発出し、ヒト胚等へのゲノム編集の臨床応用については法規制の必要性を提言した[*5]。

日本学術会議の役割

日本学術会議が、このような複雑な課題について関連する学術を総合し、俯瞰的な検討をすることは、望ましく、また適切であり、期待される役割を果たしたと考えられる。ただし、私は、法規制の具体的内容が書かれていないこと、エンハンスメントや生殖補助医療などの新しい技術への考察が浅いことなどについて指摘するとともに、ゲノム編集技術の医療への適用について、関係する研究者が集まって幅広い検討を行ったことについては高く評価されるべきであるが、公的規制の根拠や内容について、学術コミュニティとして具体的な提言をせずに、立法府や行政府に委ねてしまったことは残念であるという考察を行ったことがある[*6]。

ゲノム編集技術に関する 2020 年提言

続いて、2020 年 3 月には、日本学術会議は、科学者委員会ゲノム編集技術に関する分科会の審議結果を取りまとめ、公表した（**2020 年提言**）[7]。そこには、「特に危惧されるのは、一昨年中国で発生したゲノム編集児誕生の事案が仮に日本で起こっても、この行為を法律で罰することができないことである」とあるが、そもそもなぜ罰するべきなのかの検討が必要であると思う。

また、「特に受精胚や生殖細胞系列で起こるオフターゲット変異は誕生する子どもだけでなく、世代を超えて人類集団に広がる可能性がある。したがって、このようなオフターゲット変異を最小限に抑えることは臨床応用の際の最低限の技術的要件である。またオフターゲット変異を迅速に検出する技術の開発も必要である」とある。しかし、たとえ技術的にオフターゲット効果を抑えられ安全性が確立されたとしても、受精胚や生殖細胞系列の遺伝子を改変してもよいかどうかの検討が欠けているのではないだろうか。技術的な確実性や安全性が担保されれば、この技術を使ってもよいということにはならないからだ。

2017 年提言では、法規制の必要性を謳ってはいても内容について触れていなかったのに対して、2020 年提言では具体的な立法について提言していることは評価されるべきである。

ただし、国際比較において、米国は予算法で禁じているから法規制があるとしていることについては、もう少し深く調べる必要があるだろう。日本では、法律と予算は法規範ではあるが、別のカテゴリーになっている。しかし、米国では予算は法律の一種である。ブッシュ政権時代にヒト ES 細胞への連邦予算の配分を禁止していたのだが、その効力は連邦政府にしか及ばず、民間資金で政府職員以外が実施することについて法的な規制はなかったのと同様であり、法律で禁じているとまでは言えないのではないか。

哲学委員会いのちと心を考える分科会の提言

日本学術会議では、実は同じ 2020 年に「哲学委員会いのちと心を考える分科会」が、ゲノム編集を生殖医療へ適用することについての提言を公表している[8]。日本学術会議として統一した見解を発することはできなかったようだ。ゲノム編集の規制は、日本学術会議のなかでさえ合意ができない難しい問題なのである。

この哲学委員会の提言は、人の生殖医療への応用をめざしていることが明らかな基礎研究までも法的に禁じるべきと書かれており、アカデミアの自律性に重きを置いていないように見え、このようなことでよいのか疑問である。また、法律による規制内容については政府で検討すべきと投げてしまっているが、このような最先端の科学に関する問題はアカデミア内で十分に検討するべきであり、規制のしくみなども示すべきである。憲法でも保障されている学問の自由や自律が軽く扱われているように見えてしまうのではないか。

一方で、「ゲノム編集による子の遺伝的改変は、妊娠・出産を引き受ける女性に疾患や障がいをもつ子を産まないようにと迫る優生学的な強制力となりうる点で、旧優生学と同型の発想がある」という指摘は的を射たものであると思う。

56 第Ⅱ部 先端生命科学とルール

3.4

課題に対する海外での検討

3.4.1 英国ナフィールド評議会の検討

ナフィールド評議会とは

海外ではどのような検討が行われたのかを見てみよう。英国においては、**ナフィールド評議会**（The Nuffield Council on Bioethics）が、「Genome editing and human reproduction: social and ethical issues」（ゲノム編集と人間の生殖: 社会的及び倫理的課題）という報告書を 2018 年 7 月に公表した[*9]。

この評議会は、政府などから独立して生命倫理の調査研究をしている団体で、生命医科学とヘルスケアで生じる倫理的問題を特定、分析し、助言することにより、これらの分野で下される決定が人々と社会に利益をもたらすことをめざしている。

検討の経緯と目的

この報告書の検討が始まったのは、ゲノム編集という新たな生物学的技術の急速な出現と、それにもとづく新たな生殖技術の見通し、すなわちヒトゲノムに介入する可能性が示唆されたためだ。また、ヒトゲノムの役割と機能に関する研究を通じて、人間に関する新しい理解が生まれたことも、この報告書のきっかけとなったとのことだ。

そして、この報告書の目的は、英国を含む現代社会において、新たな知識と新たな機会を得た人々が、社会道徳の深層構造に疑問を投げかけ、共有されている道徳観を再定義する可能性のある決定にどのように至るかを検証することであるとされ、倫理や道徳まで踏み込んだ考察をしようとしている。

この報告書におけるテーマとして書かれているのは概ね次のとおりである。

将来の子どもの特性を選択する目的でヒトゲノムに意図的に介入することは、今や現実に可能となった。ここで取り組む中心的な問題は、そのような介入が倫理的に許容されるかどうかである。

報告書の結論

この報告書の結論は、将来の世代の特性に影響を与えるための遺伝子への介入は、次の2つの原則が満たされる場合に限り、**倫理的に許容される可能性がある**というものである。

①そのような介入が、結果として生まれるかもしれない人の福祉を確保することを意図しており、その福祉と整合していること
②そのような介入が社会正義と連帯の原則を支持すること、つまり、そのような介入は社会的分裂を生み出したり悪化させたりしないこと、社会のある集団を疎外したり不利にしたりしないこと

そして、

- アカデミアに向けては、臨床応用のためのエビデンスにもとづく基準の開発に役立てるために、ゲノム編集の臨床的安全性と実現可能性を確立するための研究が公共の利益のために支援されるべきであること
- 英国政府に向けては、ゲノム編集による介入を許可するため、法改正の前に広範かつ包括的な社会的議論のための十分な機会を設けること

など15の勧告を掲載している。この報告書では、さまざまな観点から検討し、ゲノム編集を使ったヒト胚のゲノム改変を条件つきで認めようとしている。

3.4.2 米国ナショナル・アカデミーと英国王立協会による検討

米英両アカデミーによる検討の目的

米国医学アカデミーと**科学アカデミー**、そして**英国王立協会**が協力し、10ヵ国からのメンバーが参加する「ヒト生殖細胞のゲノム編集の臨床利用に関する国際委員会」が設立され、2020年に「Heritable Human Genome Editing」という報告書が公表された[*10]。この委員会の目的は、ゲノム編集を活用して、胚の段階で遺伝子を改変するという**遺伝性ヒトゲノム編集**（Heritable Human Genome Editing）について、より広範な社会的意思決定のための情報提供に必要な科学的な検討を行うことである。

このなかには、技術的、科学的、医学的、規制上の要件のほか、結果に関連

する不確実性の重要性や、ゲノム編集の活用による胚の段階での遺伝子改変の臨床利用への参加者に対する潜在的な利益と害など、これらの要件と密接に関連する社会的、倫理的問題を考慮することが含まれる。

デザイナー・ベイビー誕生の影響

このような委員会が設立されたきっかけは、やはり2018年の中国における胚の段階で遺伝子編集をした子どもの誕生の報告である（p. 47参照）。この技術に関連する科学的、社会的、ガバナンス上の問題を検討するよう、世界的に新たな要請が生まれたのである。

報告書によれば、ゲノム編集技術について、臨床的使用を進めることが適切であると決定した国はまだなく、臨床的使用は現在多くの国で明確に禁止されているか、あるいは明確な規制がないという状況であった。しかしながら、子どもが遺伝性疾患に罹患するリスクが判明している将来の親にとって、この技術は、子どもがその疾患に罹患したり疾患で亡くなったりすることをなくすための重要な選択肢となりうるということが指摘されている。

ゲノム編集技術の医療応用の可能性

そして、医療への応用について、次のことも指摘している。

- ゲノム編集技術が医学的に活用できる可能性があるのは、希少疾患でもある単一遺伝子疾患のみであること
- よく見られる疾患は、多数の遺伝子が関わるし、環境要因もあるので現在のゲノム編集技術の知見では安全性も有効性も担保できないこと
- 非医学的用途やエンハンスメントに活用することを検討するほどの十分な科学的知見がないこと

報告書の結論

この報告書は結論として、「ゲノム編集を受けたヒト胚による妊娠を確立する試みは、ヒト胚に望ましくない変化を与えることなく、効率的かつ確実に正確なゲノムの変更を行えることが可能であることが明確に確立されない限り、進めるべきではない。これらの基準はまだ満たされておらず、これを満たすに

はさらなる研究と検討が必要である」と指摘するとともに、「遺伝性ヒトゲノム編集の臨床使用を許可するかどうかの決定を国が下す前に、広範な社会的対話が行われるべきである」など11の勧告を提言している。このように、限定的な条件を示し、ヒト胚にゲノム編集をして子どもを産む場合がありうることを認めている。

3.4.3 ドイツの倫理評議会による検討

ドイツ倫理評議会とは

ドイツ倫理評議会（Deutcher Ethikrat）は、2019年5月に「Opinion: Intervening in the Human Germline」という報告書を公開している[*11]。このドイツ倫理評議会は、2008年に同評議会法にもとづいて設置された独立した委員会である。倫理、社会、科学、医学、法律の問題、特に生命科学の分野とその人類への応用における研究開発に関連して、個人と社会に生じる可能性のある課題に取り組むことになっている。

ドイツ倫理評議会においても以前から、ゲノム編集の倫理的・法的・社会的課題について検討を行ってきたが、やはり2018年の中国において遺伝子編集を行った子どもが生まれたことがその検討を加速したようだ。

胚保護法

もともとドイツは、1990年に「**胚保護法**」（Embryonenschutzgezetz）という法律を制定しており、ヒト胚に対して遺伝子の改変を加えることや、生殖補助医療の目的以外にヒト胚を作ることを刑罰によって禁止してきた。そのため、クローン技術、ヒトES細胞やゲノム編集など新しい技術が出現する度に、胚保護法との関係で、ドイツは苦悩してきた。

私は1995年3月から98年6月までドイツの日本大使館に勤務していた。97年にクローン技術で羊のドリーが誕生したニュースを受けて、この技術を人間に応用する場合の法制度を調べたことがある。そのとき、ドイツには胚保護法が存在し、ヒトへのクローン技術の応用は法律ですでに禁じられていることがわかって驚いた。

60　第Ⅱ部　先端生命科学とルール

報告書の結論

　報告書においては、先ほどの米英主導の国際グループと同様、単一遺伝子疾患、多因子疾患、エンハンスメントなどについて科学的な検討を行っている。それに加えて、ドイツ哲学を反映して人間の尊厳や道具化など哲学的な考察を加えていることが特徴である。

　結論としては概ね次のことが指摘されている。

- 胚の段階での遺伝子改変の可能性の評価は、単なるリスク評価にしてはならず、人間の尊厳、生命と完全性の保護、自由、無害と善行、自然さ、正義、連帯、責任といった倫理的概念にもとづくべきである。
- また、胚の段階での遺伝子改変の国際的モラトリアムを設けるべきで、連邦議会と連邦政府は拘束力のある国際約束の策定に動くべきである。
- さらに、国際機関を設立して、胚の遺伝子改変の研究や実施についてのグローバルな科学的・倫理的基準を策定するとともに、機関内に常設委員会を設置し、ヒトにおける遺伝子改変の科学的、医学的、倫理的、法的、社会的、政治的影響についての検討などを行うべきである。

3.5 残された課題と今後の検討の方向

3.5.1 誰がどんな問題を検討すべきなのか

行政府の現状

ここまで見てきたように、日本においては、総合科学技術・イノベーション会議や文部科学省、厚生労働省という行政府において、ゲノム編集という生命に関わる新しい技術への行政としての対応について、詳細な検討が行われてきた。最近ではこれにこども家庭庁が加わった。

価値観や立場によって見解が対立しやすい生命倫理の問題を行政府の場で、ゼロから議論すると結論にたどりつくまでに時間がかかるし、ときには議論がまとまらない。行政府としては折り合いをつけつつ何らかの政策を作ることになる。しかし、議論に加わった方たちは、自分の意見が取り入れられず、不満が残ってしまうことが起きがちである。

学術コミュニティの役割

このような複雑な課題については、まずは専門の研究者が学問的な検討を行うことで議論の基盤を作り、学会や日本学術会議のような場でさまざまな角度から検討を積み重ね、その上で行政府の会議で検討することが望ましいと私は考える。先述のように日本学術会議が検討を行ってきたが、このように自らの仲間である研究者が行う研究が社会に大きな影響を与えるような問題については、もっと主体性をもって議論をすべきだろう。英国、米国、ドイツでは、アカデミアや政府から独立した組織で検討していることは参考になる。

将来の世代に影響のある課題の検討

社会学者の大澤真幸氏は、ヒトゲノムを人々が共有すべき共通の基盤の一つと解しているようであり、「ある遺伝子改造が許容されるかどうか、許容される場合にはその費用は誰が負担するか、等はゲノムを共有するすべての人々（つまり人類の）民主的な意思決定に服することになる」と指摘する[*12]。すべ

ての人々とはどこまで含まれるのか。子孫に伝わるような遺伝子を改変することについて、現在生きている人々だけで決めてしまってよいのか。例えば、地球環境に関する政策決定は将来世代に影響するのだから、今生きている人々が決めてしまってよいのかということと共通する。将来世代に影響を及ぼす事柄について決定する場合には、その影響も評価する必要があるだろう。

こうしたことから、ゲノム編集技術のガバナンスについて、時間軸を考慮して、現時点での規制と、現在から未来までを見据えた規制を考えるべきだという指摘は重要である[13]。

社会的合意の前に検討するべきこと

刑法を専門とする町野朔 上智大学名誉教授は、臓器移植について、「社会的合意」がなければ移植を行ってはならない、あれば行ってもよい、という議論は誤りだと指摘し、規範内容の倫理性を検討するべきだという[14]。大澤氏が指摘する民主的意思決定の前に、遺伝子改変が倫理的かどうかについての検討が必要ということになるだろう。

3.5.2 暫定的な結論

筆者の見解は、ヒト胚のゲノム編集による遺伝子の改変をして、その能力を向上させたり、容貌を親の望み通りにしたりすることは、現在の技術では困難であるが、生まれてくる子どもに配慮するとしたとしても、人間の「育種」につながること、また、子孫にも伝わることから、原則として法律をもって禁止するべきであるというものだ。ただし、一つの遺伝子だけの問題であるような一部の疾患の予防のためであれば、安全性と有効性を前提として、ゲノム編集技術等による遺伝子の改変は許容できるように思われる。

■考えてみよう
☞ヒトの胚のゲノム編集を行うことについてどのように考えるか。
☞大きくなるゲノム編集をした魚を食べることについてどう考えるか。

4章 再生医療と異種移植

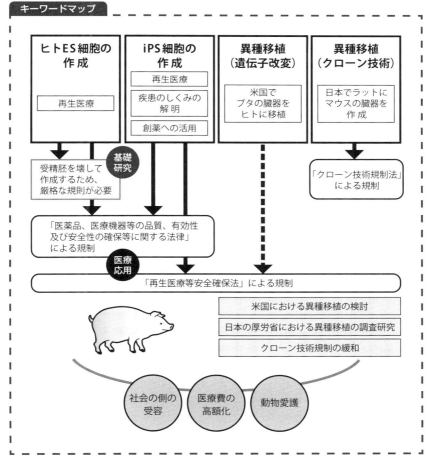

再生医療や異種移植は新しい医療として期待が大きい。他方で、さまざまな社会的課題もある。どのような検討が行われているのかを見てみよう。

64　第Ⅱ部　先端生命科学とルール

4.1 再生医療の研究開発

4.1.1　iPS 細胞を活用する再生医療

再生医療とは

再生医療とは、目が見えにくくなったり、耳が聞こえにくくなったり、あるいはすい臓からインシュリンが出なくて血糖値をコントロールできなくなったりするなど、身体の機能に障害や不全が起きてしまった生体の組織や臓器に対して、細胞や人工的な材料を積極的に利用して、損なわれた機能の再生をはかるものだ。これまで治療法のなかったケガや病気に対して、新しい医療をもたらす可能性がある。

iPS 細胞による革命

この再生医療の世界に大きな革命をもたらしたのが、山中伸弥 京都大学教授が創り出した **iPS 細胞**（**人工多能性幹細胞**: induced pluripotent stem cell）だ。この iPS 細胞は、発生学という基礎科学と、再生医療という医学の両面で大きな衝撃を与えた。ヒトを含めて動物では、一つの受精胚から細胞分裂して、血液、皮膚、腸、脳などになるが、一度これらの細胞になったら、逆戻りしたり、他の細胞になったりしないとされていた。

ところが、山中教授は、iPS 細胞を創り出し、**体細胞**からさまざまな細胞になれる状態（**多能性**）に戻せることを示した。私は 2010 年に「多くの研究者が夢見ていてもできなかった体細胞の初期化を実現したのだ。これを哺乳類であるマウスで実現したということは、科学の歴史に残ることだ」と書いた[*1]。そのとおり、山中教授は 2012 年にノーベル生理学・医学賞を受賞した。ただし、予想していたのは、30 年くらい後に山中教授がノーベル賞を受賞したニュースを見て、孫に対して、おじいちゃんが担当した仕事だと自慢するというものだった。

iPS 細胞は体のさまざまな細胞になる能力をもつことから、再生医療に活用できることが期待された（**図 4-1**）。例えば、iPS 細胞から網膜の細胞を作製し、

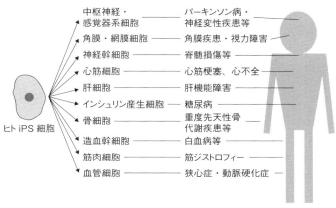

図 4-1 iPS 細胞と再生医療

それを移植して視力を回復させること、脳のなかの細胞の一種であるドーパミン細胞を作製し、それを脳内に移植してパーキンソン病を治療すること、あるいは神経細胞を作製して、神経をつないで脊髄損傷を治療すること、また、心筋細胞を作製して心臓病を治療することなどが考えられた。

再生医療の例

実際にどのような再生医療の研究が進められているのかを見てみよう。2014年9月に、理化学研究所のプロジェクトリーダーだった高橋政代博士（現在は㈱ビジョンケア代表取締役）たちにより、**加齢黄斑変性疾患**という病気の患者の細胞からiPS細胞を作製し、そのiPS細胞から作製した網膜色素上皮細胞を患者に移植するという臨床研究が実施された。この研究は、ヒトiPS細胞から作製した細胞をヒトに移植した世界で初めての例だ。2007年11月のヒトiPS細胞作製の発表から約7年で最初の患者への臨床研究、すなわち**ファースト・イン・ヒューマン**が実施されたのはかなり早いことである。

その後も日本国内において、パーキンソン病、虚血性心筋症、亜急性期脊髄損傷、膝関節軟骨損傷、心不全（拡張型心筋症）、心不全（虚血性心疾患）、卵巣がん、血小板減少症、水疱性角膜症、角膜上皮幹細胞疲弊症などを対象に、実用化に向けてさまざまな研究が進行している[*2]。

iPS 細胞を使った病気の再現

アルツハイマー病は、アルツハイマー博士が亡くなった患者を解剖して、その特徴を見つけたことにより、名づけられたものだ。実際に観察することはたいへん重要なことである。しかし、脳内の神経細胞が遺伝子の変異をもっていて働かなくなってしまうような病気の場合、細胞で起きた変化を実際に見られるのは、その患者が亡くなってから、解剖をするときまで待たねばならない。

そこで、iPS 細胞の出番となる。例えば、神経に関する病気をもつ患者の皮膚の細胞をいただき、iPS 細胞を作製し、神経細胞に分化させると、その病気による変化を再現することができる。体内の環境とは異なるので、病態を再現したことにならないとの指摘を受けたこともあるが、ヒトの細胞で観察できることの意義は大きい。細胞の変化を目の前で観察し、遺伝子やタンパク質の分析をすることで、病気になるメカニズムの解明に役立つからだ。

iPS 細胞の創薬への活用

病気の再現は、薬の試験にもつながる。どのような化合物が病気を抑えられるのかを実験できるからだ。他の病気の治療薬、今まで薬にならなかった化合物などを使ってみて、有効かどうかの確認ができる。

iPS 細胞から**心筋細胞**や**肝細胞**を作ることができる。医薬品を作る際の評価は大まかに分けると、安全性と有効性の二つだ。医薬品を服用した場合、血液のなかに入って体のなかを回り、肝臓で分解される。また、心不全や不整脈の副作用を避ける必要がある。そのため、肝臓や心臓への**毒性評価**は安全性の観点から必須である。健康な被験者に対して心臓や肝臓への毒性評価を実施するわけにはいかないし、心筋細胞や肝細胞を被験者から取り出すこともできない。そこで、iPS 細胞から心筋細胞や肝細胞を作り、毒性評価をすることができれば非常に有用なのである。

4.1.2 ヒト ES 細胞を活用する再生医療

ヒト ES 細胞とは

ヒト ES 細胞も再生医療へ応用されることが期待されていた。ヒト ES 細胞は、1998 年米国のジェームズ・トムソン ウィスコンシン大学教授たちによっ

て世界で初めて作製された。

受精後数日した胚は、100個程度の細胞からなる胚盤胞という状態にある。その内部にある内部細胞塊とよばれる細胞群の細胞を取り出して培養したものが **ES 細胞**（Embryonic Stem Cell）である。この ES 細胞は、iPS 細胞と同様、体のさまざまな種類の細胞に分化する能力（**多能性**）を有する（**図 4-2**）。しかし、ヒト ES 細胞は、胎児となりうる胚を壊して作製することから、倫理的課題を伴っている。

ヒト ES 細胞を活用した再生医療

倫理的課題を有していても、再生医療への期待が大きいことから、世界中で臨床応用に向けた研究が行われてきた。日本においては、医師主導治験が行われ、その内容が報告されている[*3]。それは、新生児期発症型の先天性尿素サイクル異常患者 5 名に対して、ヒト ES 細胞由来の肝細胞を移植するもので、国立成育医療研究センターにおいて 2019 年 10 月に開始し、2022 年 3 月に終了し、安全性と有効性が確認された。国立成育医療研究センターでヒト ES 細胞の治験が行われ、無事終了したことは個人的にもたいへんうれしいことだった。同センターの梅澤明弘研究所長と阿久津英憲 再生医療センター長は 21 世紀の初めから 20 年以上にわたってヒト ES 細胞の医療応用に向かって準備をされてきたことを私は見てきたからだ[*4]。

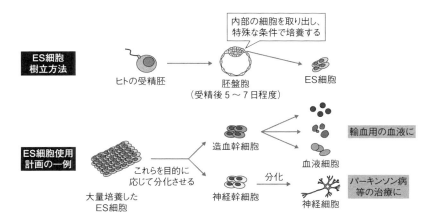

図 4-2 ヒト ES 細胞とは

4.2 異種移植の研究開発

4.2.1 米国における異種移植（動物の臓器をヒトに移植）

ブタの心臓を人間に移植

2022年1月、米国のメリーランド大学において、世界で初めて**ブタの心臓**を人間の心臓病患者に移植する手術が行われた。**心臓移植**を必要とする患者はたくさんいるが、ドナーとなる脳死は世界的に少ない。とりわけ日本は海外に比べてドナー数が少ないと言われる。そのため、動物からヒトへの異種移植への期待は高い。

人間とブタの臓器のサイズは同じくらいである。また、ブタは家畜としても、実験動物としても長く使われており、その生理や繁殖、疾患などについての知見が多いということもブタが使われている理由のようだ。米国においては、遺伝子改変をしたブタの心臓や腎臓のヒトへの移植や、肝臓移植までのつなぎとしてのブタの肝臓の使用などが行われている（図4-3）。

ブタの臓器を人間に移植して長期間生存した例はまだ見られないようであるが、米国では研究が着実に進められている。日本においても、米国のベンチャー企業である eGenesis 社が開発し、米国で異種移植に用いられた遺伝子改変ブタのクローンが誕生したことが発表された[*5]。

免疫拒絶への対応

動物の臓器を人間に移植するときの最も大きなハードルは**免疫拒絶**だ。前世紀においては、**遺伝子組み換え技術**を使って、動物の免疫反応を抑える方向で

図4-3 ブタの腎臓を人間に移植

研究開発が行われていた。今世紀になると第3章で紹介した**ゲノム編集**が使われるようになった。ゲノム編集は複数の遺伝子を正確に操作することが可能で、より効果的に免疫拒絶を抑制できる。

4.2.2　日本における異種移植の研究

クローン技術による異種移植の研究

　クローン技術を活用して動物の体内に人間の臓器を作ろうとする研究も行われている。この場合もブタを使うことが目標だ。技術的には、動物（ブタ）の胚のなかにヒトの細胞を入れた胚（**動物性集合胚**という）（図4-4）を作製し、ヒトの腎臓や膵臓を動物のなかに作製しようとするものだ。ただし、この方法では、現時点では100%ヒト細胞でできたクローン臓器を作ることは困難であり、上皮細胞はヒト、支持細胞・血管はブタといった**キメラ臓器**となるので、免疫抑制剤は必要となるとのことだ。つまり現時点の技術では異種細胞を人体にもち込むことが避けられないとされている。

ラットの体内にマウスの膵臓を作製

　中内啓光 東京大学医科学研究所教授兼スタンフォード大学教授は、ラットの体内にマウスの膵臓を作り出すという研究を行い、2017年、Nature誌に発表した[*6]。この研究では、まず遺伝子を操作してすい臓を作れなくしたラットの胚を用意した。そしてすい臓のないラットの胚に、すい臓をつくるのに必要な遺伝子をすべてもっているマウスの幹細胞を注入し、ラットとマウスのキメラの胚を作った。この胚をラットの子宮に移植することにより、すい臓がほぼマウスの細胞でできているラットが誕生した。次に、このすい臓の一部を糖尿

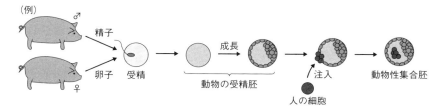

図4-4　動物性集合胚

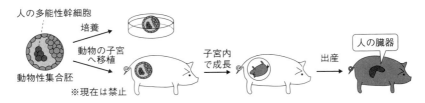

図 4-5　クローン技術によって動物の体内に人の臓器を作製

病のマウスに移植したところ、定着してインスリンを産生し、マウスの血糖値は一定に保たれた。マウスの糖尿病を治療できることが示された。

この研究はマウスとラットという実験動物を使ったものだが、中内教授たちは、将来的にはブタの体内に人間の臓器を作ることを考えている。すい臓あるいは腎臓を作れなくしたブタの胚に、ヒトの幹細胞を注入し、ブタの細胞が大半で、一部がヒトの細胞からなる動物性集合胚を作り、これをブタの子宮に移植する。そうするとほぼ人間の細胞でできているすい臓、あるいは腎臓ができ、困っている患者に移植することをめざすという（図 4-5）。

異種再生医学

横尾隆 東京慈恵医科大学教授は、異種移植と再生医学とを結合した**異種再生医学**（Xeno-regenerative medicine）を提唱している[7]。横尾教授たちは、ブタの胎児の腎臓をポッター症候群という腎臓の形成ができない、あるいは不十分なヒト胎児に移植することをめざした研究を進めている[8]。

4章 再生医療と異種移植 71

4.3
再生医療に関する社会的課題と対応

4.3.1 細胞を使うことの課題

発生する課題と必要な手続き

ヒトの細胞を用いて、再生医療の研究を行う場合、いくつかの倫理的課題に対応する必要がある。まず、第1章（p.15）で紹介した「**人を対象とする生命科学・医学系研究に関する倫理指針**」を遵守して研究を実施する必要がある。例えば、ヒトiPS細胞を作製するためにヒトから細胞を採取したりする場合には、研究計画について**倫理審査委員会**の審査を経る必要がある。また、当該細胞の提供者から**インフォームド・コンセント**を得て、個人情報の保護をするなどの措置を講じる必要がある。

ヒトES細胞ではより厳格な手続きがある

ヒトES細胞を使う場合には、もっと複雑な手続きが必要となる。ヒトES細胞を作製するためには受精胚を壊す必要がある。受精胚は、子宮に戻せば胎児となり、やがては一人の人間になる可能性があることから、ヒトES細胞の作製の報告がなされた当初から倫理的問題がさまざまなレベルで議論され、各国でも対応が分かれた。

米国では、ブッシュ大統領の時代は、ヒトES細胞の研究へ連邦政府資金を投じることが禁じられていた。これは、人間の生命は受精の瞬間から始まり、受精卵を壊すことは生命を奪うというキリスト教の考え方からきている。その後、オバマ大統領に代わると政策が変更され、ヒトES細胞の研究も支援されるようになった。

総合科学技術会議におけるヒトES細胞の検討

日本においては、科学研究に対する宗教の影響は強くないので、大きな問題にならなかったかというとそうでもない。日本の科学技術政策の司令塔である**総合科学技術会議**（「総合科学技術・イノベーション会議」の前身）のなかに

設置された生命倫理専門調査会において、「ヒト ES 細胞の樹立及び使用に関する指針」に関する検討が行われた[*9]。

　賛成する委員、反対する委員、態度を決めていない委員など、さまざまな立場から激しい議論が行われた。私は説明者であったのだが、議事録を整理している内閣府の職員から議事録を見るとあなたばかりが話をしていると指摘された。質問する委員は何人もいるが、私一人で答えていたからである。

　この指針はかなり厳しい条件となったが、日本においてもヒト ES 細胞の研究の細い道ができたのである。同調査会は公開で行われており、多数の記者が取材に来ていた。私も何度も取材を受けたが、ヒト ES 細胞の使用を進めようという記者は少なく、多くは慎重だった。その後、iPS 細胞の研究と ES 細胞の研究を比較すると日本は iPS 細胞を偏重している、と書いている記事が掲載されていて驚いた[*10]。報道機関がヒト ES 細胞にブレーキをかけたことへの言及は何もなかった。日本の ES 細胞の倫理について、「宗教観や倫理観が違う海外の議論をそのままもち込こみ、規制が厳しくなった」と専門家の論評を載せている記事も出た[*11]。しかしそれらは、上述のように事実に反している。

4.3.2　法律による再生医療の規制

再生医療に関する法律の策定

　2000 年代初めに、再生医療の研究が進み、医療における期待が高まると、適切な進展のために法律が必要であるという主張が、アカデミアを中心に問題提起された。iPS 細胞が発表されたことは、大きな推進力となった。

　他方で、クリニックにおいて、安全性や有効性が確認されていない再生医療を自由診療で受けた患者が死亡した事故が発生したことは、自由診療の規制強化の議論を後押しした。こうしたことから、2013 年に「**再生医療を国民が迅速かつ安全に受けられるようにするための施策の総合的な推進に関する法律**」（**再生医療推進法**）が国会議員から提出されて成立した。そして、この法律のもとに、同じく 2013 年に「**再生医療等の安全性の確保等に関する法律**」（**安確法**）と、薬事法を改正した「**医薬品、医療機器等の品質、有効性及び安全性の確保等に関する法律**」（**薬機法**）が成立した。

リスクに応じた規制

安確法は、自由診療に対して初めて法的規制を付したもので、ある意味画期的な法律であると指摘されている[12]。同法は、ヒトに未実施など高リスクなものを**第1種再生医療等**、現在実施中などの中リスクなものを**第2種再生医療等**、そしてリスクを低いものを**第3種再生医療等**とリスクに応じて三つに分け、それぞれ手続きを定めている。

また、**薬機法**では、新たに「**再生医療等製品**」が法律に位置づけられた。そして、治験において安全性の確認と有効性の推定が明らかになったところで、条件と期限を付して承認する制度が導入された。この場合、市販後に有効性とさらなる安全性の検証を行った後、期限内に再度申請が行われることになっている。

74   第Ⅱ部　先端生命科学とルール

4.4 異種移植に関する社会的課題と対応

4.4.1　米国における異種移植の検討

約30年前の検討

　米国では、約30年前の1996年に、医学アカデミー（Institute of Medicine）が「異種移植: 科学、倫理、公共政策（原題は Xenotransplantation: Science, Ethics and Public Policy）」という報告書を公表している[13]。1990年代の終わりにおいては、遺伝子組換え技術により、拒絶反応が緩和されるようなブタが開発されて、異種移植が進められようとしていた。異種移植は科学や医学だけでなく、**倫理的・法的・社会的課題**を伴うので、早めにこうした課題を検討することは重要である。

　しかしながら、免疫反応をコントロールすることは難しく、研究は下火になった。報告書においては、リスクとして、移植臓器を提供する動物から移植されるヒトへの病原微生物の感染が懸念されている。移植を受ける患者だけでなく、医療者や家族を含めて長期間のモニタリングが必要とされている。

4.4.2　日本における異種移植に関する調査研究

厚生労働省等による調査研究

　2022年1月にメリーランド大学で行われたブタからヒトへの心臓移植手術を受けて、厚生労働省は「遺伝子改変を行った異種臓器の移植に関する課題や論点等の整理のための調査研究——遺伝子改変された異種（臓器）移植用臓器の開発におけるリスク要因の整理と薬機法下のレギュラトリーパスを含めた課題」という調査を実施し、公表している[14]。

　厚生労働省は、やがて日本においても実施されると考えられる異種移植についての最新動向を把握し、どのようなリスクがあるのか、どのような対応をするべきかを早めに対応していると言える。この調査研究の報告書においては、人獣共通感染症リスクについて、ウイルス安全対策、ウイルス以外の感染症、

異種移植指針の改定の必要性について議論を行い、リスクの整理を行っている。具体的には、

①ヒト体内に投与された移植臓器の機能維持へのリスク評価の在り方について、
②移植された臓器が産生する因子や生理活性物質のヒトレシピエントとの相互作用に伴うリスクや
③免疫抑制剤の使用とそれに付随するリスク、
④遺伝子改変操作に付随するリスク、などの整理を行うとともに、
⑤遺伝子改変した臓器を創生維持するためのブタ純系統の作出の困難性とクローン技術による遺伝子改変ブタの創生に関連する技術要因ついての議論や、
⑥倫理面の課題として、動物愛護と移植を受けた患者やその近親者を含めた倫理面の課題についても議論を行った。

とのことで、幅広く検討が行われたことがわかる。

　そして、厚生労働省は、動物由来の動物加工物を用いた異種移植については、安確法における「再生医療等技術」に該当するとの見解を示している[15]。

　また、発生工学・生殖生物学を専門とする長嶋比呂志 明治大学教授は、従来の移植には存在しない、臓器ドナー及び移植用臓器の製造という要素を、健全かつ持続的に運用するためのエコシステムが必要になると指摘し、具体的な工程を提示した[16]。

新しい医療に関する社会側の準備の必要性

　このように、日本においても、異種移植の準備が進んでいる。革新的な技術を社会に実装しようとする場合、技術開発を強力に推進することはもちろん重要であるが、社会の側の準備も大切。特に医学研究においては、最終的には人間に適用されるので、安全であることをどのように評価するのかを、できるだけ早い時期に検討しておくことが必要である。

　もちろん、技術の内容が確定しないと安全性の評価は困難であるという事情も忘れてはならない。米国の例では、ブタの臓器を移植された患者は長く生きられずに亡くなっている。このような新しい技術を試験的に適用する場合、他

76 第Ⅱ部 先端生命科学とルール

に治療法がない患者を選定していると考えられる。日本において実施する場合にも、こうしたことが起こりうるということを社会に受け入れてもらう必要があるだろう。

また、クローン技術を用いた異種移植については、そもそも動物の胚にヒトの細胞を入れることで動物の要素とヒトの要素が混ざり合うので、感情的な気持ち悪さだけでなく、ヒトと動物の境界をどう考えるのか、という哲学的な課題にも関わってくる。

4.4.3 クローン技術の規制緩和

クローン技術規制法による規制

ブタの体内にヒトの臓器を作るためには、ブタという動物の胚に人間の細胞を入れ、**動物性集合胚**を作る必要がある。2000年に制定された「**ヒトに関するクローン技術等の規制に関する法律**」は、**クローン人間**を作ることを罰則付きで禁じているだけでなく、動物性集合胚のような**クローン技術**の応用も規制している。

この法律にもとづいて策定された「**特定胚の取扱いに関する指針**」では、当初から動物性集合胚は作製することは認められ、その胚を使った研究をすることはできた。しかし、動物の胎内に移植することが認められていなかったので、臓器を作る道は閉ざされていた。移植用の臓器の研究という有用性はあるが、動物とヒトがまざった生物を誕生させることについてはさらなる検討が必要とされていた。

研究の進展に伴うルールの改正

その後、ラットの体内にマウスの臓器が作製されるなどの研究が進んだことなどから、ブタの体内にヒトの臓器を作る研究が現実的になってきた。2019年3月、「特定胚の取扱いに関する指針」が改正され、動物とヒトが混ざった**キメラ**である動物性集合胚を動物の体内へ移植して、ヒトの臓器をもつ動物の産出が認められることになった。このように研究の進展に合わせて、ルールも徐々に変更されていることがわかる。

クローン技術規制法の立案に深く関わった町野教授による「パッチワーク的

に、この研究は必要なのだから指針を変えるべきだ、いや、それは人間の尊厳に反する、などと哲学のない、無思想のやり方をしていくと後に禍根を残すことになるのです。『倫理的に問題がある』、『人の尊厳に反する』というようなスローガンで研究にブレーキをかけることは避けなければいけませんが、他方では、医学研究、医療のために必要性が高いからというだけで倫理的ルールを変えることはできないことも確認しておく必要があります」という指摘[*17]は今後の倫理的検討にも常に考慮する必要がある。

4.4.4　動物愛護の観点

　動物の臓器を人間に移植する異種移植については、**動物愛護**の観点から批判されることが考えられる。異種移植に限らず、動物はさまざまな研究に活用されている。こうした**動物実験**に関しては、「**動物の愛護及び管理に関する法律**」という法律の第41条により、**代替**（replacement）、**削減**（reduction）及び**洗練**（refinement）という**3Rの原則**に沿うことが必要となっている。

　すなわち、可能な限り動物に代わる方法を利用すること、可能な限り利用する動物の数を減らすこと、可能な限り動物に苦痛を与えないことが求められる。異種移植では、病気に苦しみ移植以外では助からないような患者を治療するという価値を、動物の命よりも重視することになるだろう。

78   第Ⅱ部　先端生命科学とルール

4.5　知っておきたい背景議論

4.5.1　脳死と臓器移植に関する長い議論

　脳死と臓器移植の問題は、長期間にわたり多くの人たちが関わって、膨大な議論がなされた。再生医療と異種移植をはじめ新しい医療を検討する際には、先人たちがそのような議論をしてきたということを学ぶことも重要である。

　現在行われている脳死体からの臓器移植について、どのような議論があったかを振り返ってみよう。私たちは死に関わる新しい医療をどのように受け入れてきたのだろうか。

臓器の移植に関する法律の制定は 1997 年

　脳死体からの臓器移植を明示した「**臓器の移植に関する法律**」が成立したのは 1997 年である。日本で初めて**心臓移植**が行われたのは 1968 年であり、それから約 30 年の後に法律が制定されたことになる。この最初の心臓移植で、臓器提供者（ドナー）やレシピエントへの対応に関する疑問が出され、移植医療に対する不信感を国民がもつことになり、30 年間日本では心臓移植が行われなかった。

厚生省と日本医師会の検討

　その後、免疫抑制剤の開発が進み、欧米において臓器移植が行われていたので、日本でも議論が活発になった。**脳死は個体の死**なのかどうか、個体の死とはどのようなものかなどが大きな社会問題になってきた。1985 年、厚生省の「脳死に関する研究班」から「**脳死の判定指針および判定基準**」が発表された。1988 年、日本医師会の生命倫理懇談会が最終報告書を発表し、この基準を脳死の判定に際して守るべき必要最小限の基準とするのが妥当であるとし、脳の死による個体死の判定が医師によって正確に誤りなくなされることが認められ、患者またはその家族がそれを人の死として了承するならば、それをもって社会的・法的に人の死として扱ってよいとした。

脳死臨調と法律の成立

1989 年には政府の「臨時脳死及び臓器移植調査会」（いわゆる脳死臨調）が発足し、さまざまな議論が行われ、1992 年に最終答申が出された。この最終答申は、日本の審議会の報告書としては珍しく少数意見の記述があった。最終答申では、「脳死は医学的にもまた法的、社会的にも人の死」としており、また、「脳死」を人の死とすることに賛同しない立場からも「脳死は限りなく死に近い状態」という認識に立ち、臓器提供の意思を拒むことはできないとし、移植医療への道をひらくことには反対しないという見解が示された。

こうした議論を経て、1994 年 4 月、臓器移植法案が国会に提出されたが審議は進まなかった。1997 年になって、法案が再提出された。衆議院で可決された後、脳死が死であるという脳死説に反対論や慎重論が続出した。結局、臓器移植の場合に脳死体からの臓器移植を認めるとした「臓器移植法」が成立した。

臓器移植法の改正

このような経緯のため、このときの臓器移植法においては、脳死が人の死であるとは定義されていない。臓器移植のために臓器が摘出されることになる身体を脳死体としていた。また、生存中に臓器を提供する意思が書面で示されていることが必要であり、かつ、遺族がその臓器の摘出を拒まない場合に、臓器の摘出が可能とされているといった条件が付されていた。そして、この書面での意思表示は民法上の遺言可能年齢に準じて 15 歳以上が有効とされていたため、15 歳未満の脳死後の臓器提供はできなかった。なお、移植に使用される臓器の提供は人の善意によってなされるものなので、臓器の売買は禁止されている。

その後、2009 年に臓器移植法が改正され、脳死を人の死とすることを前提とし、脳死者本人の意思が不明な場合にも、家族の承諾があれば脳死下の臓器提供ができることとなった。また、15 歳未満であっても脳死下の臓器提供が可能となり、小さなからだの子どもたちの心臓や肺の移植の道が開かれた。

4.5.2 高額な医療への対応

お金がかかる医療

　再生医療と異種移植は、医療において実用化しようとすると高額になる可能性がある。iPS細胞などを活用する再生医療では、必要な細胞を高品質で大量に作製することが求められる。場合によっては、その細胞を立体化するなどの加工も必要だ。また、異種移植も、ドナーとなる動物を産み、育て、かつ、それらを無菌状態で管理することが必要である。

　化学物質からできている医薬品であれば高品質のものを大量に工場で作ることで、コストを抑えることができるが、細胞や動物では難しい。どうしても医療費が高くなってしまう。人間の命の問題について、経済をもち込むことに反対する意見もあるだろう。しかし、現実的には、費用負担をどのように考えるのかは、国民皆保険を実施する日本の医療制度の基本に関わる問題である。

自由診療の安全性と有効性

　こうした高額な医療は、私たちが加入している健康保険の範囲である**保険診療**ではなく、**自由診療**で受けるものだという考え方が出てくる。こうした自由診療について、日本再生医療学会は、「幹細胞を用いた自由診療は、国が有効性を確認した上で承認している医療とは別の枠組みで実施をされており、新規性の高い医療を受けられる反面、国が安全性及び治療効果を確認したものではないこと、公的な健康保険の適用がうけられず、治療の全額を自己負担せねばならないといった点もあります。受診をお考えの患者・ご家族の皆様は、こうした前提をふまえ、医師からの説明をしっかりお聞きになり、ご検討いただくようお願いいたします」と注意を促している。

　もし、アカデミアが再生医療や異種移植のような医療を自由診療で進めるのであれば、安全性と有効性（効果）の担保を考える必要がある。現在の制度では、再生医療等の安全性の確保等に関する法律にもとづいた手続きを経たものは自由診療であり、安全性と有効性の確保の公的な審査を経ていない。

　一方で、先ほど説明した薬機法の下、治験を実施し、国による安全性と有効性の確認を経た製品は保険でカバーされている。これを変更し、薬機法の下、国による安全性と有効性の確認を経たものでも、公的な保険の対象としないで

自由診療とする道を開くということも検討が必要かもしれない。

再生医療等の安全性の確保等に関する法律の課題

再生医療に関する新たな法律（**安確法**）による規制は画期的なものであったが、課題も指摘されている。例えば、医学の実用化を支援している飛田護邦 順天堂大学准教授は、「再生医療の科学的妥当性が適切に担保されていない再生利用等技術が治療として提供されていること」や「安確法下の治療データを収集するしくみが整備されていないこと」を指摘し、「国民医療費の逼迫が大きな社会課題となっているなか、安確法下の『治療』を適切に運用し、社会的受容性のある医療技術の出口の一つとして示すことができれば、我が国における新しい医療提供の在り方になるかもしれない。すなわち、保険医療でもなく、所謂保険外治療でもない、第3の医療提供の形を示せる可能性もある」と指摘している[18]。

また、保険の存在意義が「共助」であることを考えれば、個人で負担することが困難な高額な医療こそ保険でカバーするべきという考え方もあるだろう。この場合は、医療費の高騰による、医療保険の財政圧迫への対策という医療保険全体の課題を考えることが必要となる。

***

■考えてみよう
☞ブタの腎臓を人間に移植する条件はどのようなものだろうか。
☞再生医療が高額になった場合、どのように対応したらよいだろうか。

2007年の山中先生研究室初訪問

　2007年11月、文部科学省のライフサイエンス課長だった私は、京都大学再生医科学研究所の山中伸弥先生の研究室を訪問した。山中先生はヒトの細胞からiPS細胞を作ったという論文を発表し、新聞やテレビで大きく報道されていた。すでに前年にマウスでiPS細胞を作ったことを論文に発表しており、私はここまで注目されるとは思っていなかった。2012年にノーベル賞を受賞された際のノーベル財団からの説明に使われた論文はマウスのiPS作成の論文だった。

　研究室に伺うとすでにNHKのテレビカメラがなぜか待っていた。今後の打合せを秘密裏にしたくて京都まで行ったのに密着取材をされては困るので、少しだけ撮影してもらってから、我々だけで山中先生の考えをうかがった。山中先生は、日本全体の研究をどう進めるのか、どのような研究所を建てたいのか、といった「ビジョン」を説明した資料をすでに用意していた（図4-6）。

　山中先生の居室も実験室も古くて狭かったのだが、オープンに研究をするために壁のない研究所を作りたいという希望を絵にしていた。数年後には新しい研究所が建設され、その構想は実現した。

　また、外部の方が夕方や夜に研究室に電話をすると山中先生本人が取ることも多々あり、研究の妨げになるので、京都大学にお願いして、秘書体制を強化していただいた。すると今度は、私が電話しても、なかなか山中先生につないでもらえないということが生じたが、体制強化は成功した。

　当時の文部科学大臣は、2023年12月に自由民主党政務調査会長になった渡海紀三朗衆議院議員だった。渡海大臣はiPS細胞に関しても大きな方針をトップダウンで示し、現場の私たちに自由度をもたせてくれたので、たいへん仕事がしやすかった。政治主導というのはこうい

インターアクティブな研究環境

現状	今後
A教授室／A研究室／B教授室／B研究室／C研究室／C教授室／D研究室／D教授室	(A)(B)(C)(D) 研究室／A教授室／B教授室／C教授室／D教授室／研究員室

図4-6　2007（平成19）年11月30日に山中先生から渡された資料の一つ

うことを言うのだと実感した。

　iPS 細胞が注目され、大きな予算が認められるようになったが、研究者がもろ手を挙げて賛成していたわけではない。ライフサイエンス委員会の下の再生医療の作業部会では、iPS 細胞のために自分の科学研究費が減っては困ると発言した研究者がいた。このときの予算は、iPS 細胞に限定せずに iPS 細胞に続く研究ができるように配慮していた。この発言をした研究者は、JST の CREST という大型の研究費を獲得した。当時の CREST を獲得した研究者の多くは、再生医療や幹細胞の分野を中心に今でも活躍している。

第Ⅲ部

新しい生死の
概念の登場と
私たちの生き方

5章 生殖補助医療をめぐる課題

キーワードマップ

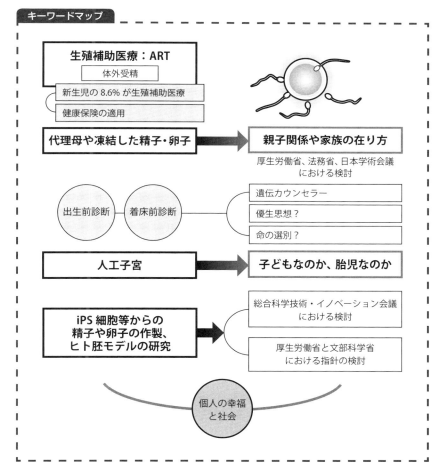

生殖補助医療は一般的な医療となってきている。同時に新しい技術が生まれてきている。生殖は個人や家族に関わることだが、社会にも関わる。どのような課題があり、それに対してどのような検討が行われているのかを見てみよう。

5.1 生殖補助医療の研究と期待

5.1.1 生殖補助医療について

日本産婦人科学会との関わり──ヒト ES 細胞のルール作りのために

　私は文部科学省に勤務していたので、**生殖補助医療**（ART: assisted reproductive technology）とは仕事の上では無縁だと思われるかもしれないが、実は何度も日本産科婦人科学会に伺ったことがある。第 4 章の再生医療のところで紹介したヒト ES 細胞細胞は、生殖補助医療のために作った凍結した胚を使って作る必要がある。ヒト ES 細胞を作るための条件や、使うための手続きなどのルールをつくるために同学会と相談をしていたのだ。

生殖補助医療とは

　日本産婦人科医会のホームページによると、「**生殖補助医療**とは、妊娠を成立させるためにヒト卵子と精子、あるいは胚を取り扱うことを含むすべての治療あるいは方法である。一般的には体外受精・胚移植（IVF-ET）、卵細胞質内精子注入・胚移植（ICSI-ET）、および凍結・融解胚移植等の**不妊症治療法**の総称である」と記されている[*1]。つまり、お子さんをなかなか授かれないカップルを技術的に助けるための医療である。その歴史を振り返ってみよう。

初めての体外受精児

　英国において、世界で初めて、体の外に取り出した卵子と精子を受精させ、母体に移植した**体外受精児**である Louise Brown が誕生したのは 1978 年のことだった。新聞やテレビニュースで「試験管ベイビー誕生」などと大きく報道された。当時は個人情報保護などのルールがなく、名前も明らかにされ、写真も公開された。日本では、1983 年に東北大で体外受精児が誕生した。また、世界で最初に体外受精児を誕生させたロバート・エドワーズ英ケンブリッジ大名誉教授は、「体外受精技術の開発」で 2010 年にノーベル生理学・医学賞を受賞した。

体外受精・胚移植

具体的な方法を見てみよう[*2]。最もよく知られているのは、世界中で注目された**体外受精・胚移植**（IVF-ET）である（図 5-1）。これは女性の卵巣から未受精卵を体外に取り出し、精子と共存させる（媒精）ことにより得られた受精卵を、数日培養後、子宮に移植（胚移植）する治療方法である。

取り出した複数の卵子を受精させた際、得られた胚を凍らせてとっておき、その胚を解かして移植する治療方法として、**凍結胚・融解移植**がある。一度に複数の凍結胚を作製し、一つずつ融解移植を行うことで、身体に負担のかかる採卵の機会を減らして、効率的に妊娠の機会を増やすことが可能である。なお、この方法で妊娠し、子どもが生まれると、他の凍結胚は使われないことになり、**余剰胚**とよばれる。

また、体外受精では受精が起こらない男性不妊の治療のため、卵子のなかに細い針を用いて精子を 1 つだけ人工的に入れる**顕微授精**（ICSI）という治療方法も存在する。

生殖補助医療の統計

それでは、生殖補助医療で出生する子どもや、不妊を心配したり、不妊治療を受けたりしているカップルはどのくらいいるのだろうか。厚生労働省によると、2021 年には 69,797 人が生殖補助医療により誕生しており、これは全出生児（811,622 人）の 8.6％に当たり、約 11.6 人に 1 人の割合になる。また、不妊

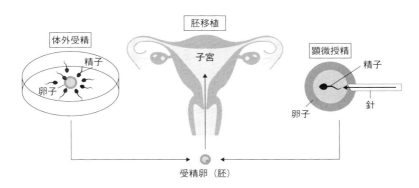

図 5-1 体外受精の方法

90　第Ⅲ部　新しい生死の概念の登場と私たちの生き方

を心配したことがある夫婦は 39.2％で、夫婦全体の約 2.6 組に 1 組の割合になる。実際に不妊の検査や治療を受けたことがある（または現在受けている）夫婦は 22.7％で、夫婦全体の約 4.4 組に 1 組の割合になる[*3]。このように、生殖補助医療で生まれてくる子どもたちは、特別な存在ではなくなっている。

健康保険の適用

　生殖補助医療は、病気の治療ではないということで、最近まで健康保険の適用外となっており、患者にとって経済的な負担も大きかった。2022 年 4 月から、人工授精等の「一般不妊治療」、体外受精・顕微授精等の「生殖補助医療」について、保険が適用されることになった。

　厚生労働省や子ども家庭庁によると、「これは、日本生殖医学会が国内で行われている生殖補助医療及び一般不妊治療の各医療技術について有効性等のエビデンスレベルの評価を行い、取りまとめた生殖医療ガイドライン等をふまえたものです。『生殖補助医療』については、採卵から胚移植に至るまでの一連の基本的な診療はすべて保険適用され、患者の状態等に応じ追加的に実施される可能性のある治療等のうち、先進医療に位置付けられたものについては、保険診療と併用可能となります」とのことである[*4]。

5.1.2　出生前診断と着床前診断

出生前診断

　妊娠中に胎児の状態を調べる検査を**出生前診断**という。この出生前診断は、出生前に胎児の状態や疾患等の有無を調べておくことによって、生まれてくる子どもの状態に合わせた最適な分娩方法や療育環境を検討することを主な目的に行われる。

　従来は超音波による胎児の検査などが行われていたが、2013 年から臨床研究として開始されたのが、母体の血液中にわずかに含まれる胎児の DNA を調べる**新型出生前検査**である。それが、**母体血胎児染色体検査（NIPT）**である（**図 5-2**）。この検査では、三種類の染色体の異常を調べられるとされる。偽陽性（本当は陰性なのに検査で陽性）のおそれがあるので、陽性の場合には確定検査を受けることになる。

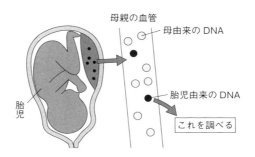

図 5-2　母体血胎児染色体検査

着床前診断

また、子宮に入れる前の胚の**遺伝子検査**をすることが技術的に可能となった。すなわち、体外受精をした胚を培養すると、たった一つの細胞だった受精胚は数個の細胞に分裂する。そのうちの一つを取り出して、遺伝子検査をするのだ。これを**着床前診断**という。これは、一つの細胞の**ヒトゲノム解析**が可能となった技術の進歩によるものである。第 1 章で紹介したヒトゲノム解析は、生殖補助医療の分野にも大きな影響を与えている。

5.1.3　発生に関する基礎研究、iPS 細胞の活用

受精や発生の過程を研究

マウスなどの実験動物については、精子や卵子などの生殖細胞ができる過程、**受精**の過程、**受精胚**が子宮に着床して、**発生**が進み胎児になる過程などがかなり解明されている。しかし、受精胚は、受精後最初の数週間に劇的に変化する。ヒトについては、母胎内の受精胚の変化を詳細に解析することは難しいため、その詳細はまだ謎の部分が多い。

そこで、ヒト ES 細胞やヒト iPS 細胞といった**多能性幹細胞**を使って精子や卵子を作りだすなどして、こうした謎の部分の解明をしようという研究が進んでいる。

「ヒト胚モデル」の研究

ヒト ES 細胞やヒト iPS 細胞といった多能性幹細胞を用いて、着床前の胚

（胚盤胞期胚）や着床周辺期から胚発生体（初期の胚芽）の特性を部分的に有する「ヒト胚に類似した**構造**」である細胞の塊を作製したことが、各国の研究者から報告されている。

この「ヒト胚に類似した構造」は「**ヒト胚モデル**」とよばれ、幹細胞等から作製する細胞の塊（分化誘導体）である。初期の胚である胚盤胞や着床期以降の胚のような特性（形態・構造、遺伝子発現、細胞・組織など）を一部示すが、ヒトになる胎児とは明らかに異なるとされる。つまり、胚に似ている特性をもつが、ヒト胎児ではない。マウスの胚モデルからも、マウスが生まれた報告はない。

一方で、「ヒト胚モデル」は、従来のヒト胚研究手法にはなかったものであり、不妊症、流産、先天性疾患の原因解明や治療法の研究に貢献することが期待されている。特に、これまでアプローチが難しかったヒト胚発生研究の大きなブレークスルーになり得るとのことだ。

5.1.4　人工子宮

バイオバッグ

人工子宮という技術が開発されている。米国では動物実験が終わり、ヒトを対象とした臨床試験の計画まで行っている。研究が行われている人工子宮は、オルダス・ハクスリーの小説「すばらしい新世界」に出てくるような受胎から出産までを担うものではなく、超未熟児を助けようとするものだ。胎児は、酸素を供給し、二酸化炭素を除去するという機能をもつ**バイオバッグ**のなかに入れられる（**図 5-3**）。

フィラデルフィア子ども病院が開発している人工子宮は、子宮外新生児発育環境（the Extra-uterine Environment for Newborn Development, or EXTEND）ともよばれている。人工子宮の開発では、発達の過程が人間に似ていることから羊が使われてきた。米国の規制機関である FDA は 2023 年 9 月に人工子宮に関する会議を開催した[*5]。FDA の資料では、**体外子宮環境**（**EVE**: Ex-Vivo Uterine Environment）に関しては、日本の東北大学と豪州の西オーストラリア大学が協力していることが書かれている。

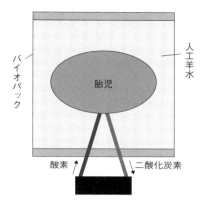

図 5-3　人工子宮のしくみ

94　第Ⅲ部　新しい生死の概念の登場と私たちの生き方

5.2

生殖補助医療による社会への影響とその対応

5.2.1　親子や家族の関係はどうなるのか？

生殖に技術が介入

　体外受精のような生殖補助医療の進展により、生命の誕生や次の世代を産み出す生殖に、人間の技術が介入してきている。そして、これは医学や技術のなかにとどまらず、家族関係や社会の在り方にも影響を与えることになる。

　例えば、夫の原因で不妊症である場合、第三者から提供される精子で妊娠することは高度な技術ではなく、かなり以前から実施されていた。この場合の親子関係はどのようになるのだろうか。そして、もしその事実を子どもが知った場合には、生物学的な父親を探したいと思うかもしれない。

代理母

　妻とは別の女性の卵子に夫の精子を受精させ、その女性に子どもを産んでもらうという**代理懐胎（代理母）**ということも技術的には可能だ。しかし、その対価に金銭を支払うならば、その女性の子宮を有償で借りることになる。妻以外のその女性を、子どもを産む道具のように扱っているようにも見える。

凍結した精子や卵子

　精子や卵子を凍結して保存することも技術的には可能だ。例えば、病気の治療のために精子を作れなくなったり卵子が使えなくなったりすることに備え、**凍結保存**の道を選ぶかもしれない。そして、夫が亡くなってしまった場合に、妻は、精子を解凍して受精させ、子どもを産むことも可能である。その場合の父親はどうなるのだろうか。これについては裁判になった例があり、最高裁判所の判決が出ていて、父子関係は認められなかった。

行政府内の生殖補助医療に関する法制度の検討

　このように、技術は存在しても、日本では、その技術を利用してよいかどう

かを規制する法律がなく、その技術を使って子どもが生まれてきた場合に親子関係を決めたり相続を決めたりする法律もない期間が長かった。

このような状態に政府は手をこまねいていたわけではない。2000年12月には当時の厚生省の審議会が「**精子・卵子・胚の提供等による生殖補助医療のあり方についての報告書**」という報告書を公表している[6]。この報告書には、提供された精子、卵子、胚の取扱い、親子関係の決め方、生物学上の親を子が知る権利（**出自を知る権利**）などについて書かれている。

この報告書の公表後、私は制度化を議論していた審議会を傍聴したことがある。委員の皆さんが真摯に議論されていることに加え、厚生労働省の官僚の皆さんの生殖補助医療の制度化にかける思いが伝わってきたことを覚えている。

この報告書をもとにして、厚生労働省は主として生殖補助医療の内容について、そして法務省は主として家族関係について、並行して法案作りを進めたが、残念なことに立法化されることはなかった。文部科学省の役人だった私は詳しい事情を知る由もないのだが、関係者の間で、第三者の精子、卵子、胚を使うなどの生殖補助医療の規制についての見解の対立が続いたようだ。

日本学術会議への審議依頼

しかし現実社会の動きは進み、海外で代理懐胎を行う例が見られたことから、厚生労働省と法務省は日本学術会議に対して、「代理懐胎を中心に生殖補助医療をめぐる問題について」の審議を依頼した[7]。これに対して、日本学術会議は次のような報告書を2008年4月に公表した。

①代理懐胎については、法律（例えば、生殖補助医療法（仮称））による規制が必要であり、それにもとづき原則禁止とすることが望ましい。

②営利目的で行われる代理懐胎には、処罰をもって臨む。処罰は、施行医、斡旋者、依頼者を対象とする。

③母体の保護や生まれる子の権利・福祉を尊重し、医学的、倫理的、法的、社会的問題を把握する必要性などにかんがみ、先天的に子宮をもたない女性及び治療として子宮の摘出を受けた女性に対象を限定した、厳重な管理の下での代理懐胎の試行的実施（臨床試験）は考慮されてよい。

しかし、立法化には至らなかった。

政治の動き

古川俊治 参議院議員は、2014年に「第三者が関与する生殖医療のように、生命倫理に関係する法律の制定は中立的であるべき政府が主導するものではなく、立法化には議員による政治的な推進が必要である。」[*8] と指摘していた。確かに、親子や家族に関わる大問題でもあるので、政治主導で進めるべきであるということは的を射た指摘だと思う。

民法の特例法の制定

こうしたさまざまな動きを経て、2020年12月「**生殖補助医療の提供等及びこれにより出生した子の親子関係に関する民法の特例に関する法律**」が成立した[*9]。この法律は、生殖補助医療の提供等に関し、基本理念を明らかにし、国及び医療関係者の責務並びに国が講ずべき措置について定めるとともに、生殖補助医療の提供を受ける者以外の者（第三者）の卵子又は精子を用いた生殖補助医療により出生した子の親子関係に関し、民法の特例を次のように規定している。

女性が自己以外の女性の卵子を用いた生殖補助医療により子を妊娠し、出産したときは、出産をした女性がその子の母となる。また、妻が、夫の同意を得て、夫以外の男性の精子を用いた生殖補助医療により懐胎した子については、夫は、その子が嫡出である（自分と妻との間に生まれた子である）ことを否認することができないとされた（図5-4）。

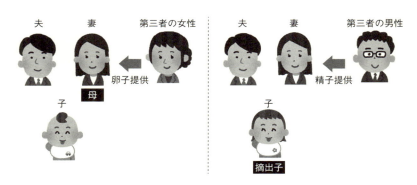

図5-4　生殖補助医療で生まれた子どもの親子関係

5.2.2　新型出生前検査をめぐる問題

母体血胎児染色体検査（NIPT）とは

5.1.2 項「出生前診断」のところで述べたように、母体の血液のなかには胎児の DNA がわずかに含まれており、胎児のゲノムの検査をすることが可能となった（図 5-2 参照）。この検査で先天性の病気や異常が見つかった場合の対応はどうなるのだろうか。

この検査は、生まれてくる子どもの状態に合わせた分娩法や養育環境を事前に準備をすることが目的であり、病気や障害である子どもが生まれても、その子どもや家族のサポートをするための医療制度や福祉制度もあるとのことだ。

検査と遺伝カウンセラー

しかし、実際は子を出産するかどうかを決めるために受ける人が多いようだ。日本医学会の「出生前検査認証制度等運営委員会」によると、**ダウン症**と診断された 1034 人のうち、妊娠継続をあきらめたのは 899 人、86.9％であったと報告されている[*10]。一方、日本においては、**人工妊娠中絶**は刑法の**堕胎罪**にあたる。母体保護法で人工妊娠中絶が認められているのは、「経済的事由」や「母体の健康への害」の場合であって、胎児の先天性疾患や障害を理由とすることは認められていないことに留意する必要がある。

出生前診断を受けるかどうかを考えたとき、また、診断の結果、病気や障害があることがわかったとき、臨床遺伝専門医や認定遺伝カウンセラーに相談をすることも選択肢である。今から 40 年以上前、筆者は学生時代に「人類遺伝学」という講義を受講していた。その講義の試験問題では、「ダウン症候群の患児を第一子にもつ両親が第二子の危険率について遺伝相談に訪れた。Genetic counselor の立場からいろいろな場合を想定して答えよ」が出題された。科学や医学は進歩したが、この問題は現在出題されても難問だと思う。

5.2.3　着床前診断をめぐる課題

着床前診断でわかること

着床前診断では、体外受精によって作られた胚の遺伝子を解析することで、

ある遺伝性の病気の遺伝子をもっているか診断できるし、性別などもわかる。ある遺伝子をもっている、あるいはもっていない胚を選別することにつながる可能性があるということだ。ある遺伝性の疾患をもつ子どもの妊娠を避けたり、望みの性の子どもを妊娠することができたりする。あるいは、すでに生まれている病気の子どものドナーとなる子どもを産むことも可能となる。また、出生前診断と異なり、人工妊娠中絶を考える必要もない。

着床前診断がもたらす課題

それでは着床前診断は福音なのだろうか。胚の段階で「命の選別」をしていることにならないのだろうか。また、病気や障害をもつ子どもは望まれない存在であるという考えにつながり、私たちがすでに克服したはずの**優生思想**の現れにならないだろうか。着床前診断は私たちに生命に関する大きな問題を投げかけたといえる。

5.2.4 人工子宮が投げかける課題

超未熟児を助ける人工子宮

現在研究が進められている人工子宮は、超未熟児を助けようとするものだ。人工子宮が SF 小説に出てくるように、普通の妊娠にとって代わるおそれがあるのではという指摘に対しては、遠い将来はありうるかもしれないが、現代の技術水準では議論するに値しないという[*11]。

胎児でも新生児でもない

むしろ、人工子宮のなかに入れられた個体の法的地位について、胎児でもないし、新生児でもないのではという指摘がある。これは、例えば、財産の相続の場合に問題になりそうだ。母体の外に出たことを出産とみなされると、相続の順位に影響を及ぼすようなケースも出てくるだろう。

5.2.5 iPS 細胞や ES 細胞を活用した研究から生じる課題

ヒト iPS 細胞から作った精子や卵子の受精

ヒト iPS 細胞やヒト ES 細胞はどのような細胞にもなれるという多能性を有しており、この能力を活用して、精子や卵子を作り出して、これを受精させることが可能となる技術が進んでいる。こうして人工的に作製した**生殖細胞**を受精させてもよいのだろうか、受精してできた胚を子宮に移植してもよいのだろうか。あるいは、**ヒト胚モデル**はどの段階まで研究してよいのだろうか、といった疑問が出てくるのは自然なことだ。

総合科学技術・イノベーション会議における検討

こうした問題については、**総合科学技術・イノベーション会議（CSTI）**のもとに設置された**生命倫理専門調査会**において検討が行われてきた。同調査会における審議をふまえ、2004 年に総合科学技術会議は、ヒト胚は人の生命の萌芽であるため、特別な扱いが必要であるとした。ヒト ES 細胞等から精子や卵子を作製する研究は認めることができるが、これらの生殖細胞を用いてヒト胚を作製することを実施してはならないという基本的考え方を示し、文部科学省と厚生労働省にガイドラインの作成を指示した。

文部科学省と厚生労働省による指針（ART 指針）の策定

これを受け、2010 年に、「**ヒト iPS 細胞又はヒト組織幹細胞からの生殖細胞の作成を行う研究に関する指針**」（**ART 指針**）が策定された。同指針と「**ヒト ES 細胞の使用に関する指針**」により、精子や卵子という生殖細胞を作製する場合には文部科学大臣への届出が求められるようになっている。また、これらの生殖細胞から胚を作ることは認められていなかった[*12]。しかし、第 3 章で紹介したように、ゲノム編集技術等を用いて、生殖補助医療研究目的と遺伝性・先天性疾患研究目的で新たに胚を作製することは可能となっている。

総合科学技術・イノベーション会議におけるヒト胚モデルの検討

5.1.3 項で述べた「ヒト胚に類似した構造」（ヒト胚モデル）の研究も世界的に進んでいる。生命倫理専門調査会は、「ヒト胚に類似した構造」について、ヒ

ト受精胚尊重の原則の要否や適切なルールのあり方を検討した。その検討を進めるにあたって、「胚」または「ヒト受精胚」との共通点や差異に関する調査・検討を行うため、「多能性幹細胞等からのヒト胚に類似した構造の作成等に関する検討に係る作業部会」（以下「作業部会」という）を設置した。2023 年 8 月から議論を重ね、2024 年 4 月に検討結果が報告された。

まず、この「ヒト胚に類似した構造」を国際幹細胞学会の用語にならって、「ヒト胚モデル」とよぶことにした。また、検討結果の報告では、胚モデルのヒトへの移植は許容されないこと、細胞提供者への同意手続き、指針の整備が述べられている。これを受け、同作業部会は、2024 年 7 月、ヒト胚モデルの取扱いについての論点整理を試みている。

そこでは、現時点では、ヒト受精胚とは異なるので CSTI が示した「ヒト胚の取扱いに関する基本的考え方」は適用されないが、将来、研究が進展し、個体の発生が可能となるようであれば、ヒト受精胚と同等の取扱いが必要となり、「基本的考え方」の適用対象となることが否定できないとしている。

さらには、ヒト胚モデルは、将来的にヒト受精胚と同等の機能を有するものになることが否定できないこと、興味本位な研究が行われたり、ヒトの形態や脳や神経機能の発達した疑似胎児が産生されることも想定され、「基本的考え方」の範囲を超える倫理的な問題が生じる可能性があることから、一定の規制が必要ではないか、と規制の必要性に踏み込んでいる。規制の内容としては、関係省庁でヒト胚モデルに対応できるように指針を改正し、

①既存指針と同等の審査体制
②培養期間を 8 週までに限定
③ヒト胎内への移植やヒトの個体産生につながる研究の制限

が必要ではないか、としている。

5.2.6 生殖補助医療は幸せをもたらすのか？

個人の問題と社会や制度との関わり

本章では、生殖補助医療における先端的な課題を検討してきた。カップルが子どもを産み育てるのは、個人の幸せに関わることがらであり、他者や政府が

口をはさむ問題ではないという側面がある。しかし、5.2.1 項で見たように、医療技術が進むことで、親子や家族の関係に影響する。社会や制度にも大きく関わる。

個人が幸せを望む気持ちに際限はない。親が我が子に望みを託すことは自然なことかもしれないが、第 3 章のゲノム編集や第 8 章のエンハンスメントでも述べるように課題もある。そうした望みを規制することはできるのだろうか。

近年、生殖補助医療は**少子化対策**のメニューの一つとなっている。保険診療の対象になったからといって、それは不妊治療を望む方たちへの支援であって、政府が不妊治療を奨励するものではないだろう。政府による奨励は、強制や押しつけになりかねない。人々が安心して不妊治療を受け、子どもを授かり、結果として出生数が増えるということが望まれる。

生命の尊厳に対する畏れ

先ほど紹介した厚生科学審議会先端医療技術評価部会生殖補助医療技術に関する専門委員会の委員でもあった吉村泰典 慶應義塾大学名誉教授が、「いつの時代でも忘れてはならないことは、生命の尊厳に対する畏れと謙虚さである。生殖医療においては、単にクライアントのニーズに応えるだけではなく、新たな独立した生命を創り出す手技であることを胆に銘じて、生まれてくる子の**幸せと福祉**を最優先すべきである」[13] と指摘されているのはそのとおりであると思う。

■考えてみよう
☞ヒト iPS 細胞から作った精子と卵子を受精させることについて、どのように考えるか。
☞代理母について、どのようなことに配慮した制度が必要か考えてみよう。
☞少子化対策のメニューとしての生殖補助医療について考えてみよう。

日本学術会議への期待

　本書のゲノム医療、ゲノム編集生殖補助医療、研究インテグリティなどの箇所で、日本学術会議の対応や役割について述べた。ここでは、日本学術会議に関する私の見解を述べてみたい。

　私は、2005年7月から1年半ほど日本学術会議事務局に文部科学省から出向した。事務局の主たる仕事は会議運営なので、文科省の官僚のポストとしてはよいポストではない。不憫に思った親しい記者たちが、励ます会を開催してくれたくらいだ。

　私が在職したのはちょうど、会員選考方法の変更、所管官庁の総務省から内閣府への変更など、法改正を伴う改革が行われたところで、会長が黒川清先生と金澤一郎先生の時代だった。予算が足りない、提言の草稿を書く人材もいないという状況は現在と同じだ。黒川先生から、JSTなど研究資金配分機関からの支援を得られないか検討するようにと言われた。私からの答えは、政府から独立した法人ならJSTなどの外部から資金を得られるのに、改革が中途半端で、制度的に無理というものだった。2025年になってやっと、政府から離れて特殊法人になる法改正をするらしい。乃木坂という一等地に土地と建物の財産があるので、これを上手に活用することも考えられるだろう。

　このような制約があったが、黒川先生も金澤先生もアクティブだったので、サイエンスカフェの全国展開、「科学者の行動規範」の策定、厚労省と法務省からの依頼による生殖補助医療の総合的な検討など、社会からの注目が高い活動ができた。サイエンスカフェについて、黒川先生は担当を経営学が専門の副会長にしたのだが、実務は素人で、うまくいかなかった。私たちにお鉢が回ってきて、会員であった科学未来館の毛利衛館長に相談し、未来館の全面的な協力を得ることができた。こうした活動が可能だったのは、お茶の水女子大学の学長になられた室伏きみ子先生やICUの教授だった北原和夫先生のそれまでの活動があったからこそだ。また、第一次安倍政権のときには、会長を退任された黒川先生が座長となってとりまとめられた「イノベーション25」に対して、金澤先生がリードして日本学術会議が大きな貢献をするなど、政権との関係は良好だった。

　「アカデミアの自律・独立」や「アカデミアへの敬意」は民主的な先進国の前提条件であるが、黙っていてこうした条件が満たされるわけではない。学術界のみなさんの不断の努力が必要とされる。日本学術会議は、学問の重要性、有用性を発信し、国民に理解をしてもらうことが重要な使命である。特に、現代社会において、研究資金源の多くは国の予算、すなわち、国民が支払う税金であるということの認識が必要で、それに応じた戦略が必要だ。

6章 ブレイン・マシン・インターフェース

キーワードマップ

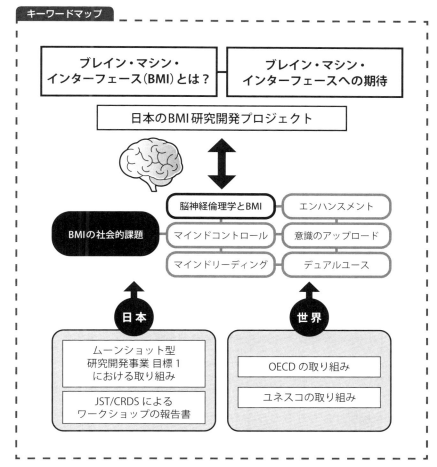

人間の脳とコンピュータや機械とつなげる BMI にはさまざまな用途が考えられる。と同時に、リスクや倫理的課題も想定される。国内外の取り組みについて見てみよう。

6.1 ブレイン・マシン・インターフェース研究の現在

6.1.1 ブレイン・マシン・インターフェースとは

日本でのブレイン・マシン・インターフェース研究

　脳と外部のコンピュータや機器をつないで、その機器を動かしたり、ゲームをしたり、あるいは視覚や聴覚に障害がある人が見えたり聞こえたりするようになる技術を**ブレイン・マシン・インターフェース（BMI）**という（図6-1）。

　文部科学省が脳研究のプロジェクトとして、2008年に「**脳科学研究戦略推進プログラム**」を開始したときの最初のテーマが「ブレイン・マシン・インターフェース」（BMI）だった。私は担当のライフサイエンス課長だった。脳とコンピュータをつなぐBMIは当時の日本の脳科学研究の主流ではなく、最初のテーマがBMIであったことに不満や不安をもつ研究者も多いという情報が入ってきた。しかし、新しい研究方法として関心をもっている研究者も多数いた。

ブレイン・マシン・インターフェースへの期待

　ラットの脳に電極を入れて、ラットが足を動かそうと考えただけで電動アームを動かせることを示した、BMIの最初となるような米国の研究論文が発表されたのは1999年のことだ[*1]。この論文では、BMIが麻痺した患者の運動回復の手段になることが示唆されている。病気による麻痺や事故で手足が不自由になった方にとっては、自在に動かせる義手や義足の開発につながる。医療や

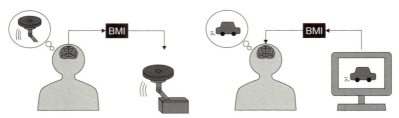

図6-1　ブレイン・マシン・インターフェイス

福祉の世界における BMI への期待は大きい。

　また、BMI は産業界からも注目されている。後で紹介する科学技術振興機構研究開発戦略センターの報告書によれば、「多数の電極の高精度な埋め込みをロボット技術で可能にしたイーロン・マスク氏の Neuralink 社をはじめ、血管からの電極挿入で BMI の治験を始めた Synchron 社、非侵襲 BMI デバイスを展開する Kernel 社など、業界を牽引するプレイヤーが複数登場している」とのことだ[*2]。

6.1.2　ブレイン・マシン・インターフェースの研究開発

ブレイン・マシン・インターフェースの分類

　「脳科学研究推進プログラム」等で研究を行っていた大阪大学の吉峰俊樹教授と平田雅之教授によると、BMI は「出力型」と「入力型」に分かれる[*3]。「出力型 BMI」は「**運動型 BMI**」ともいわれ、脳から得た運動信号を解読し、その意味するところ（すなわち脳活動の内容）を推定して外部機器を操作するものである。義手や義足を脳につなげて、意のままに動かすようなことが考えられる。

　一方、「入力型 BMI」は「**感覚型 BMI**」ともいわれ、外部センサーで取得した感覚信号を脳に受け入れられやすいように電気信号に変換し（コーディング）、脳を直接刺激して感覚を得る。これを応用した人工聴覚や人工視覚が考えられる。

ERATO 池谷脳 AI 融合プロジェクト

　先端の科学技術研究を支援する科学技術振興機構の ERATO プロジェクトの一つである「**池谷脳 AI 融合プロジェクト**」では、BMI 研究の発展形と言えるような研究を実施している。人工知能（AI）を用いて脳の新たな能力を開拓し、「『脳の潜在能力はいったいどれほどなのか』を見極めること」を大きな目的としているとのことだ[*4]。

　脳チップ移植、脳 AI 融合、インターネット脳、脳脳融合という 4 つの斬新で先端の課題に取り組んでいる。また、科学を超えて社会的な課題にも通じる可能性があることから、JST の RISTEX（社会技術研究開発センター）の研究

106　第Ⅲ部　新しい生死の概念の登場と私たちの生き方

プロジェクト「**人と情報のエコシステム（HITE）**」と連携している。

ムーンショット型研究開発制度における研究開発

　破壊的イノベーションの創出をめざし、従来技術の延長にない、より大胆な発想にもとづく挑戦的な研究開発を推進する国の大型研究プログラム「**ムーンショット型研究開発制度**」においても BMI に関わる研究開発が行われている。

　このムーンショット型研究開発制度の目標 1 は、「2050 年までに人が身体、脳、空間、時間の制約から解放された社会を実現する」というものだ。このプロジェクトの概要は、「人の意図が推定できれば、思い通りに操作できる究極の**サイバネティック・アバター（CA）**が可能になります。推定には脳活動の内部だけでなく脳表面情報や他人とのインタラクション情報も重要な手がかりになります。これらを AI 技術で統合し、ブレイン・マシン・インターフェース（BMI）機能をもつ CA（BMI-CA）を倫理的課題を考慮して開発します。2050 年には、人の思い通りに操作できる究極の BMI-CA を実現します」とされる[5]。

「経済安全保障重要技術育成プログラム」における研究開発

　内閣府主導のもと創設された「**経済安全保障重要技術育成プログラム**」は、我が国が国際社会において中長期的に確固たる地位を確保し続ける上で不可欠な要素となる先端的な重要技術について、研究開発及びその成果の活用を推進するものである。その一つのテーマとして、「脳波等を活用した高精度ブレインテックに関する先端技術」が対象となっており、JST（科学技術振興機構）が推進主体である。

　ここでいう**ブレインテック（脳科学技術）**は、大きな社会的課題となっている精神・神経疾患等の診断・治療や発症前の段階での診断を含めたヘルスケア、脳損傷のリハビリテーション等への応用が期待され、ビジネス分野（マーケティングやヘルスケア等）に大きなインパクトを与えうる新興先端技術として注目されている。このプロジェクトでは、日本の強みである非侵襲型の計測技術を高精度化し、心身状態の把握をリアルタイムで可能とする脳波などを測る装置の開発をめざしている[6]。脳に穴をあけるなど、体に負担をかけることなく、脳内の情報を把握できるようになり、精神・神経疾患の予防や治療に貢献する

だけでなく、人の意思の推定や、機器の操作などにもつながるだろう。BMI に大きく関係する研究開発である。

脳神経科学統合プログラム

2024 年度から、文部科学省は、日本医療研究開発機構（AMED）を通じて、「**脳神経科学統合プログラム**」を開始した。このプログラムは、これまでに築いてきた革新的な研究開発の成果と研究基盤をもとに、世界的な課題となっている認知症やうつ病といった神経疾患・精神疾患の克服やイノベーションの創出に向けた研究開発を進め、そのために基礎と臨床、アカデミアと産業界の連携強化を図るものだ[*7]。このなかには、「仮想空間上に脳を再現する『**デジタル脳**』の構築を進めるプログラム」が含まれており、ヒトの脳の数理モデルや病態モデルの開発、そしてこのモデルをデジタル空間で再現することをめざすことになっている。脳科学と近年進展が著しいデータサイエンスや AI 技術との融合が考えられており、BMI にも大きな影響を及ぼすことになると考えられる。

108　第Ⅲ部　新しい生死の概念の登場と私たちの生き方

| 6.2 |
| ブレイン・マシン・インターフェースに関する社会的課題 |

6.2.1　脳神経倫理学

　脳神経科学のさまざまな倫理的・法的・社会的課題を扱う学問は、**脳神経倫理学（ニューロエシックス）** とよばれている。脳神経科学の研究そのものや、脳神経科学の知見のヒトへの応用を規制する倫理的フレームを作ろうというものである[8]。

2002 年にサンフランシスコで開催された会議

　脳神経倫理学に関する議論の出発点として、2002 年 5 月にサンフランシスコで開催された国際会議「脳神経倫理学: 領域のマッピング（Neuroethics: Mapping the Field）」の果たした役割は大きかった[9]。この会議を支援したダナ財団のウイリアム・サファイア（Willam Safire）氏は、「Vision for New Field of Neuroethics」という基調講演を行っている[10]。サファイア氏は神経生理学者でもなく、倫理学者でもなく、政治コラムニストであったという経歴は興味深い。

脳神経倫理学の対象としてのブレイン・マシン・インターフェース

　その基調講演では、脳神経倫理学とは、人間の脳を治療したり、完全なものにしようとしたり、あるいは、望ましくない侵襲をしたり懸念すべき操作をしたりすることに対して、何が正しくて何が間違っているか、何がよいか悪いかを検討する学問だとしている。また、脳科学が私たちの意識を扱い、個性や行動を変化させることができるようになるという問題を指摘している。そして、具体的な課題として、次のようなことを挙げている。

- 記憶力を向上させる薬や、つらい記憶を抑制する薬を開発すべきか？
- 検察官が、被疑者が忘れたとされる詳細を引き出すのを助ける薬を開発すべきか？

6章 ブレイン・マシン・インターフェース *109*

- 試験の前に記憶力を高めるために脳にチップを埋め込むのは公平か？
- テロリスト容疑者の脳を画像化して嘘を見破ることは、拷問の一種なのか、あるいは少なくとも人々に自白を強要する一つの方法なのか？

いずれも今日まだ検討が続いている問題である。

BMI が関係するような倫理的・法的・社会的課題としては、**エンハンスメント**、**マインドリーディング**、**マインドコントロール**、**意識のアップロード**などが考えられる。また、**デュアルユース**という問題もあるだろう。

6.2.2 ブレイン・マシン・インターフェースによる能力向上

エンハンスメントは能力を拡張するというもので、エンハンスメント全般については第 8 章で扱う。BMI は、病気や事故で体に不自由や障害がある方にとっての福音である可能性が高いと同時に、健常者の筋力、視力、聴力の向上にも活用できる可能性がある。そこでは、病気の治療を超え、現在の能力を向上させることが目的となる。

そのように能力を向上させることについての是非が課題となる。脳と直接つながった大きな力を出せるスーツがあれば、災害の際の救援に使用できるだろうし、介護の現場でも助けになるだろう。安全性が確保され、また、後で述べるデュアルユースの管理がなされていれば、BMI を活用することによるエンハンスメントに大きな問題はないかもしれないが、検討は必要だろう。

6.2.3 マインドリーディング、マインドコントロール

マインドリーディング

BMI の技術を活用することで、考えていることを外部から読まれる**マインドリーディング**ができる可能性がある。磁気共鳴画像法（MRI）を利用して脳の活動や血流動態を調べる「**機能的核磁気共鳴装置**」（**fMRI**）や、生体透過性の高い近赤外光を用いて脳機能を無侵襲で計測することを可能にした「**近赤外光脳機能イメージング**」（**fNIRS**）によって、ある程度考えていることが解明できるようになった。ちなみに、これらの技術は日本で開発されたものだ。

110　第Ⅲ部　新しい生死の概念の登場と私たちの生き方

　これらの技術が、病気や事故で通常のコミュニケーションが困難になった患者との意思の疎通に活用できることが期待される。もちろん、研究に参加する被験者に対してはインフォームド・コンセントを得る必要があるし、研究者には守秘義務が課せられるだろう。

マインドコントロール

　マインドリーディングとは逆に、情報を入力するという技術も考えられる。人工内耳はすでに実用化されており、音声は入力できる。人工網膜も開発中で、視覚情報が入力できる。さらに技術が進めば、脳に特定の情報を入力したり、削除したりすることも可能となるかもしれない。トラウマの治療などには貢献するかもしれないが、このような**マインドコントロール**につながる技術の是非については検討する必要があるだろう。

6.2.4　意識のコンピュータへのアップロード

ホモ・デウス

　イスラエルの歴史学者のユヴァル・ノア・ハラリ博士は、人類の歴史を概観し、世界中でベストセラーになった『サピエンス全史』を書いたことで有名だ。そのハラリ博士は、「人類は飢餓、病気、暴力による死を減らし、老いること、そして死までを克服することをめざしている。また、獣レベルの生存競争から人間性を発展させ、今度は人間を神へと昇格させ、ホモ・サピエンスを**ホモ・デウス**に変えることをめざす」と指摘している。彼は、生命はアルゴリズムでありデータであるので、無機物のコンピュータに移すことができ、**永遠の命**が得られると考えているようだ[*11]。

意識を脳に移す研究

　日本においても、意識を脳からコンピュータに移す研究が行われている。渡辺正峰 東京大学准教授は、その著書において、意識がどのように生まれるかという研究を紹介している。そして、さらに踏み込んで、自らの研究にもとづき、意識をコンピュータに移して永遠の生命を得ることの技術的な説明をしている[*12]。渡辺准教授は、科学や工学だけでなく、哲学も視野に入れて研究を行っ

ているとのことだ。その本に書かれている脳は、すでにできあがっていて変化しないし、細胞分裂もしていないような脳である。脳の可塑性に対応できているのだろうかと少し不安になる。

私は脳なのか？

説明した二つの例は、脳の情報をアップロードすれば人が永遠の存在になりうるということが前提である。これに対して、ドイツの哲学者のマルクス・ガブリエル ボン大学教授は、「私が脳である」という考えを神経中心主義だと批判する。上述のハラリ博士をテクノ・イデオロギー信奉者であるとし、存在するすべてのものが実際に科学的に調査可能であるわけでも、物質であるわけでもなく、非物質的現実が存在していると主張する[13]。脳は意識の必要条件ではあっても、十分条件ではないとする。

ある人工知能を扱うSFでは、ヒトをモデルとした人工知能は脳だけで存在できず、体が備わっていて、その人工知能がうつ病になるという秀逸な設定だった[14]。

意識をコンピュータにアップロードすることについてはまだまだ議論が続きそうだ。おそらく、近い将来、技術的な可能性が明らかになるだろう。意識のコンピュータへのアップロードが可能であることが示されるかもしれない。あるいはそういったことは不可能であるが、人間の脳とコンピュータとの関係が現在とは異なるものになる可能性が示されるかもしれない。

6.2.5　デュアルユース

軍事利用の可能性

BMIは、体が不自由な方たちにとっては心強い味方になる可能性が高いが、一方で、**軍事利用**も可能であるので、典型的な**デュアルユース**の技術である。脳の操作を可能としたマウスなどの動物に爆弾をくくりつける、あるいは、地雷探知に使うといった活用が思い浮かぶ。人間に関してBMIを活用するとしたら、例えば、外骨格のように装着できる**ウェアラブル・ロボティクス**を開発するなどのエンハンスメントが考えられるだろう。

112　第Ⅲ部　新しい生死の概念の登場と私たちの生き方

操作される脳

　米国の生命倫理学者のジョナサン・D・モレノ ヴァージニア大学生命医科学倫理センター長は、『操作される脳』（原題は「Brain Research and National Defense」）という書籍[*15] で、BMI 技術を含む脳に関する研究開発について、国家安全保障に利用することが現実的となっており、米国国防省の研究開発振興機関である DARPA（Defense Advanced Research Project Agency: 国防高等研究計画局）が強い関心をもって支援していることを詳細に描いている。そして、原子力爆弾や生物兵器の開発などを例に挙げながら、脳研究に対してもデュアルユースの問題について目を光らせなければならず、科学研究の透明性の確保が重要であることを主張している。

　また、新たな兵器の拡散や、その開発に必要な資源への転用は心配すべきだが、外部に何らかの悪意のある力が存在していることも事実であるという。そして、市民の安全に対する現代的な脅威が存在する現実を認識しておく必要があると指摘し、安全保障への配慮もしている。

6章　ブレイン・マシン・インターフェース　*113*

6.3	課題に対する取り組み状況

6.3.1　OECD の取り組み

このように BMI には、社会的な課題が伴うが、国際機関や公的機関ではどのような取り組みをしているのだろうか。

ニューロテックに関する勧告の公表

OECD（Organisation for Economic Cooperation and Development: 経済協力開発機構）は、2019 年 12 月に Recommendation of the Council on Responsible Innovation in Neurotechnology（**ニューロテクノロジーにおける責任あるイノベーションに関する勧告**）を採択した[*16]。この勧告は、**ニューロテクノロジー**領域における最初の国際標準であり、この分野における**イノベーション**を促進しながら、政府やイノベーターが新しい神経技術によって生じる倫理的・法的・社会的課題を予測し、対処できるように導くことを目的としている。

また、この勧告は、研究、技術移転、投資、商業化、規制など、イノベーションプロセスの各段階でガイダンスを提供し、利益を最大化し、リスクを最小化することを目的としているとのことだ。

9つの原則
この勧告には、次の 9 つの原則が盛り込まれている。

①責任あるイノベーションの促進
②安全性評価の優先
③包摂性の促進
④国、政府や民間の部門、専門分野を超えて神経技術のイノベーションにおける協力の促進
⑤社会的な熟議の実現

114 **第Ⅲ部　新しい生死の概念の登場と私たちの生き方**

⑥新たな問題に対処するための監督機関および諮問機関の能力の強化

⑦個人の脳データおよびその他の情報の保護

⑧公共部門と民間部門全体にわたる管理と信頼の文化の醸成

⑨意図しない使用や誤用の可能性の予測と監視

それぞれについて詳細な内容が書かれている。BMI を含むニューロテクノロジーの研究開発を進める際に配慮するべき項目が指摘されている。

6.3.2　ユネスコにおける取り組み

第 1 章でも登場した**ユネスコ**の**生命倫理委員会**が、ニューロテクノロジーの倫理的課題に関する報告書を作成し、2021 年に公表した[*17]。この報告書は、第 1 章で紹介した「The Universal Declaration on Bioethics and Human Rights」が、ニューロテクノロジーの法的・倫理的課題の分析についての一般的な枠組みを提供するとしている。

この報告書では、ニューロテクノロジー、倫理、人権が交わるところを調査し、人間の脳活動に新しい技術を活用する観点から、認知の自由、精神的プライバシー、精神的統一性など、人権の解釈を検討している。そして、ニューロテクノロジーのガバナンスの方策について述べている。その内容は、OECD の報告書と方向性は同じで、社会への影響を予見的に察知すべきであることと、公開、透明、誠実、説明の重要性を指摘している。また、市民や産業界の参加に加えて、大学などの公的研究機関と私的な企業との対等な協力関係を築くべきとしている。

そして、ユネスコ、加盟国、研究者、産業界、メディア、そして一般市民に向けての提言が書かれている

6.3.3　「ムーンショット型研究開発制度」目標 1 における取り組み

前述した**ムーンショット型研究開発制度**の目標 1 においては、BMI 機能をもつ**サイバネティック・アバター**を社会実装する際の実務上の ELSI 課題を分析することを目的とする研究チームがあり、中間報告書[*18]を公表した。この

6章　ブレイン・マシン・インターフェース　115

報告書は、BMI という技術の経緯を丁寧に追うとともに、技術の特徴を分析している。その上で、法的課題と倫理的課題について、日本国内の動向と海外や国際機関の動向について幅広く情報を収集し、分析を行っている。今後の充実が期待される。

　医学・生物学・工学的な研究との総合性を発揮するためには、ムーンショットの目標が実現した社会における法や社会がどのようなもので、どのような考え方や法律が必要となるか、といった観点を入れるとよいのではないだろうか。なお、対象を民間分野における活用に限定していることは残念で、政府による活用、軍における活用などについても検討しておくべきではないかと考える。

6.3.4　JST/CRDS のワークショップ

　2022 年 8 月に科学技術振興機構（JST）のシンクタンクである**研究開発戦略センター（CRDS）**が「ニューロテクノロジーの健全な社会実装に向けた ELSI/RRI 実践」というワークショップを開催し、その報告書がホームページに公開されている[*19]。私もワークショップ全体のコメンテータとして参加した。

問題意識と議論のテーマ

　このワークショップの問題意識は、次のようなものだ。近年、脳を対象としたニューロテクノロジー（ブレインテクノロジー）の産業応用が進み、その社会受容に向けた議論が、OECD やユネスコにおける検討からわかるように国際的に進行している。脳・神経系と外部のコンピューターとで直接に情報の授受を行うニューロテクノロジーは、治療など医療における活用から、ヘルスケアやゲームなどのエンターテインメントにおけるアプリケーションまで、さまざまな応用が期待される。同時に、固有の倫理的・法的・社会的課題（ELSI）をもたらす可能性も危惧される。

　こうした問題意識をもとに、議論のテーマが考えられている。このワークショップでは、ELSI/RRI 研究・実践活動を第一線で担ってきた方たちに加え、ニューロテクノロジーの研究、産業応用を行っている方たちが参加した。そして、それぞれの分野におけるこれまでの活動が紹介されるとともに、次のこと

116 第Ⅲ部 新しい生死の概念の登場と私たちの生き方

に関して議論がなされた。

- 日本におけるニューロテクノロジーの社会実装に向けた ELSI の観点か
  らみて必要な取り組み・体制はどのようなものか
- 国内または国際的なルール作りの観点からの課題はどのようなものか
- 今後どのようなステークホルダーによるどのような「議論の場」を作る
  ことが望ましいか

このワークショップは、国内のさまざまな関係者を幅広く集め、急速に発展
している技術について ELSI の観点で検討したという点でもチャレンジングな
試みだった。

6.3.5 筆者の見解

JST の報告書のなかに当日私が指摘したコメントは掲載されているのだが、
本章の締めくくりとして、BMI をめぐる倫理的・法的・社会的課題への取り
組みについて考えていることをまとめてみよう。

先人たちに学ぶことの重要性

BMI は、アカデミアにおける研究が急速に進むとともに、産業応用も展開さ
れており、想定していなかった倫理的・法的・社会的課題が出てくる。ELSI
の検討が後追いになりがちなのは従来のライフサイエンスと同じような状況で
あろう。他方で、日本も世界も、遺伝子組み換えやヒトゲノム、あるいはクロ
ーン技術等でさまざまな取り組みを検討し、講じてきたことに学ぶことが必要
だ。

だからといって、「ELSI 原則」というものを策定して、新たな問題に当ては
めれば、解決するというわけでもない。「原則」だけでは、具体的な問題を解決
する道具にはならないからである。OECD では、新しく出現する技術に対して
予見的統治（Preparatory Governance）という考え方が出されている。できる
だけ早期に問題を発見するということが重要になってきている。

問題解決のための総合的なアプローチの必要性

倫理的・法的・社会的課題（ELSI）あるいは**責任ある研究とイノベーション**（RRI）は、学問体系というよりは、解決するべき問題群としてとらえたほうがよいのではないかと私は考えている。これらの問題群の解決のために、倫理学、法学、経済学、文化人類学など、いわゆる文系の学問も一緒になって考えることが必要である。

科学者が ELSI に関心をもつこと

逆に、文系の学問の研究者だけでなく、BMI を研究開発する研究者たちが倫理的・法的・社会的課題に関心をもつことも重要だろう。前述したように ERATO「**池谷脳 AI 融合プロジェクト**」と、RISTEX の「**人と情報のエコシステム（HITE）**」が協働していることは、今後、ブレイン・マシン・インターフェースの研究開発を進める際の一つのモデルになるだろう。

今回は、池谷脳 AI 融合プロジェクトが立ち上がってから、両者の協働が始まったのであるが、理想的には準備の段階で ELSI や RRI をどうするのかを考えておく必要があった。プロジェクトを計画する JST が配慮するべきことがらである。

なお、BMI の研究者自らが ELSI の研究をすべきというのではなく、そういうチームが必要であるということだ。

産業界の対応

産業界においてもブレイン・マシン・インターフェースに関する具体的な研究開発が進み、今や製品やサービスが社会に出てきており、市場の可能性も大きいとのことだ。倫理的・法的・社会的課題への企業の対応が問題視されるようになると信頼度が低下し、ひいては株価の下落などその企業の価値が下がってしまう可能性がある。

具体的な問題とルールの策定

脳とコンピュータやマシンをつないで脳内情報を読み出す、という問題は、この 15 年くらいの間、注目されてきたように思われる。ヒトに適用する場合、**安全性**の確保が必要条件であるが、それ以外にどのような点が問題なのか。例

えば、考えを読むこと（マインドリーディング）の是非、記憶を書き換えることの是非、よい悪いの判断基準はなにかといった議論が必要である。

また、リスクという観点では、脳に対する**侵襲性**も検討する必要があるだろう。体外から近赤外線のセンサーで計測するなど侵襲性がほとんどない場合もあれば、頭蓋を開けて神経細胞に計測機器を直接接続させる場合も考えられる。後者のような侵襲性がある場合の安全性の基準を作ることも重要である。

ブレイン・マシン・インターフェースを社会で活用するためには、適切なルールを早期に制定することが求められる。誰がどのように策定するのだろうか。特定の産業界の自主的なルールで十分な場合もあるだろう。また、場合によっては法律を策定することが必要になるかもしれない。

社会共創の観点

第11章にも書いているように、一般人とのコミュニケーションは重要である。先進国の集まりであるOECDにおいても市民とのコミュニケーションや市民の参加が強調されている。**サイエンス・コミュニケーション**の観点からは、専門家だけでなく、「素人（lay person）」としての一般人とのコミュニケーションが重要であると言われる。科学者や専門家がコミュニケーションをとる相手としては産業人、政治家、そして官僚も含まれると考えたほうがよい。産業人、政治家や官僚は、ニューロテクノロジーには通じていないが、社会における影響力が大きかったり、あるいは決定権をもっていたりするからだ。コミュニケーションで終わるのではなく、一緒に作っていくという**社会共創**が求められている。

■考えてみよう

☞マインドリーディングの実用化のためには、どのような制度が必要だろうか。

☞意識をコンピュータにアップロードすることについて、どのように考えるか。

コラム

脳科学委員会の創設と「大工の棟梁」

私が文部科学省のライフサイエンス課長のとき、科学技術政策に関する審議会である「科学技術・学術審議会」の下に脳科学委員会が 2007 年に新たに設置された。科学と医学のフロンティアでもあり、また、治療法がわからない精神疾患や神経疾患の解明にも資する脳科学を、総合的に進めようとしたのだ。脳科学委員会の創設については、当時の研究振興局長の徳永保氏がリーダーシップをとった。同委員会の委員長は金澤一郎先生にお願いすることで誰もが一致した。当時厚生労働省の国立精神神経センターの総長を務めていた。また、皇室医務主幹でもいらっしゃった。

私が金澤先生とお話をするようになったのは、2001 年に文部科学省ができたときだ。先生は、東大医学部教授に加えて文科省の科学官という役職を兼務していた。私は生命倫理・安全対策室長に就き、先生からヒトゲノム研究や疫学研究の倫理問題について個人教授を受けるとともに、しっかりとしたルールを作る必要があるというご指摘をいただいた。実は最初、金澤先生が偉い先生ということを知らず、迫力があるけれど、親しみやすい先生だなと思い、あの大工の棟梁のような先生はいったいどのような方か、と文部省出身の同僚に聞いたことがある。

そして、金澤一郎先生が 2006 年に日本学術会議会長に選出されたとき、私は同会議事務局に出向していた。ある新聞記者から今度会長になる金澤先生はどのような方なのか、と聞かれたので、リーダーシップがあって温かみのある大工の棟梁のような先生だと答えたら、会長を紹介する記事に「大工の棟梁」という表現が使われた。

脳科学委員会では、金澤先生のリーダーシップの下、東京大学教授だった宮下保司先生が実務を担い、日本の脳科学の方向性を示す「長期的展望に立つ脳科学の研究の基本的構想及び推進方策について」という報告書がまとめられ、大臣へ答申された。この報告書では、「脳科学研究と社会との調和について」という章が設けられ、脳神経倫理や社会とのコミュニケーションの重要性が指摘されている。

審議の合間のことだが、金澤先生が、作業部会の委員を務めていた若手教授に対して、「君は今後の脳科学を背負うのだからしっかりしなさい」と叱咤激励しているところに居合わせたことがある。いま、この教授はリーダーの一人となっている。当時から、次世代の脳科学を見据えていた。現在、日本医療研究開発機構が、「脳とこころの研究推進プログラム」として総合的な研究を進めている。

7章 老化研究と寿命の延長

キーワードマップ

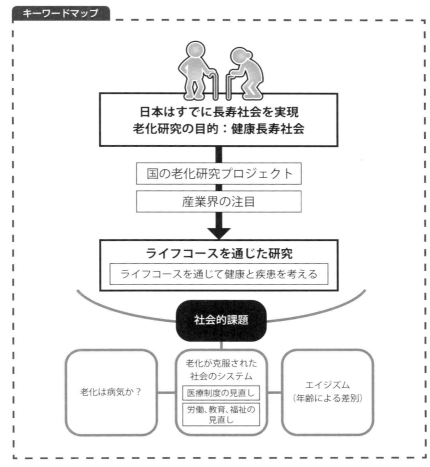

健康長寿社会をめざす上で、急速に進展している老化研究の役割や課題を考えてみよう。また、人生全体を見通したライフコースを通じた研究についても見てみよう。

122 第Ⅲ部　新しい生死の概念の登場と私たちの生き方

7.1 老化研究の推進方策と期待

7.1.1 老化研究の推進

長寿社会日本の実現

　日本の**平均寿命**は、約 100 年前の 1920 年頃に男性 42.06 歳、女性 43.20 歳だ
ったのが、2020 年には男性 81.56 歳、女性 87.71 歳となった。この 100 年間で
倍以上になり、まさに**長寿社会**が実現したといえる（**表 7-1**）。

　寿命が延びたとはいえ、死ぬまで健康というわけにはいかず、健康寿命と平
均寿命の差は 10 年程度ある。老化のメカニズムを解き明かし、できるだけ長
い間健康でいられる方法が生み出され、実用化されることは私たちの多くにと
って望ましい。ここに老化研究への期待があるのだろう。

老化研究の目的

　日本においてどのような老化研究のプロジェクトが実施されているのだろう
か。文部科学省が老化研究についての予算要求をすることを報じた 2016 年の
「nature ダイジェスト」は、「老化とは、『加齢による肉体的・精神的機能低下』
と定義されるが、加齢による機能低下には生物種間で進化的に保存されている
制御メカニズムが働いているという点が、近年の発見にもとづく極めて重要な
とらえ方なのである。そのメカニズムを解明し、老化を遅延させる方法が見つ
かれば、**健康寿命**（日常生活に制限のない期間）を延長できるだろう。つまり、
老化の遅延により、アルツハイマー病や糖尿病、脳卒中などの高齢者がかかり
やすい疾患を個別に予防するのではなく、まとめて効率的に予防できるのでは
ないか。その結果、多くの人が望むといわれる『ピンピンコロリ』（死ぬ直前ま

表 7-1　日本人の平均寿命

	1920 年頃	2020 年
男	42.06 歳	81.56 歳
女	43.20 歳	87.71 歳

で健康でいること）の達成につながると期待される」とまとめている[*1]。

AMED-CREST

日本医療研究開発機構（AMED）では、老化研究に関する2つのプログラムを進めている。一つは、上述のnatureダイジェストでも紹介された基礎研究のプログラムである「AMED-CREST」で行われている「**根本的な老化メカニズムの理解と破綻に伴う疾患機序解明**」というものだ。

このプログラムは、パンフレットによると、「これまで蓄積された老化メカニズム解明等に関する研究成果をさらに発展させるとともに、加齢性疾患や病態の制御に係る新たな機序等の解明に貢献し、健康寿命延伸の実現に向けた取り組みを加速するため、生物における老化という生命現象の根本的な原理を探求するとともに、そのメカニズムや病態の機序の解明を目的とした老化研究を推進します」というもので、かなり基礎の部分の研究が行われている。

ムーンショット研究開発制度

もう一つが、第6章のブレイン・マシン・インターフェースでも紹介した「**ムーンショット研究開発制度**」だ。「ムーンショット」の目標の一つが「2040年までに、主要な疾患を予防・克服し100歳まで健康不安なく人生を楽しむためのサステイナブルな医療・介護システムを実現」というものだ。パンフレットでは、元大阪大学総長・前量子研究開発機構理事長の平野俊夫プログラムディレクターが、「誰もが健康で長生きできる社会を作ること。それらは超高齢社会にあって医療や介護の負担を減らすだけでなく、何よりも私たち自身の人生をより生き生きと輝かせてくれるものです。病気の予防に加え、効果的な治療法で多くの病気の治癒が見込める。そうした環境のなか、老いの影響からも解放されて人生を謳歌することができたら。それは人類共通の夢に違いなく、その実現を願い思い描く想像力とそれを原動力にして開発された技術や解明されたメカニズムは、新たな力となって私たちに素敵な未来をもたらしてくれることでしょう」[*2]と平易な言葉で説明している。そこでは、病気になったり介護が必要になったりする期間（**不健康時間**）を限りなくゼロに近づけ、誰もが健康で長生きできる社会の実現をめざし、健康寿命の延伸が目標になっている。

124 第Ⅲ部 新しい生死の概念の登場と私たちの生き方

科学にもとづく研究

　これらのプロジェクトで行われている研究は、何かを食べたり、錠剤を飲んだりしたら元気になる、あるいは、寿命が延びるという即効的ものではなく、あるいは「個人の感想です」というようなあやふやなものでもなく、老化のメカニズムを科学的に解明し、老化に関係する病気の予防や治療をめざすというものだ。

7.1.2 産業界の注目

企業と大学の共創研究所

　島津製作所と東北大学は共同で、「島津製作所×東北大学　超硫黄生命科学共創研究所」を設立した[*3]。この研究所は、生体の老化メカニズムに関連する**超硫黄分子**の特性を明らかにして、さまざまな疾患の診断や治療法の確立、健康を増進する機能性食品の開発への貢献をめざすとのことである。

　超硫黄分子とは、血液や臓器内に存在するアミノ酸などの有機化合物に硫黄が結合した物質の総称で、老化やさまざまな疾患に関連していると言われている。

国内外の産業界の動き

　産業界では、老化研究は「**不老長寿**」として注目されているようだ。日本経済新聞は、世界の不老長寿スタートアップに投資された金額は 2022 年に 52 億ドルとのことで、欧米を中心に約 500 社が事業に乗り出しており、日本でもスタートアップが 5 社程度立ち上がっていると報じている[*4]。

　また、Forbes 誌によると、スタートアップの発信地シリコンバレーでは Longevity・AgeTech（長寿・高齢技術）セクターの新時代を感じさせる企業が次々と誕生しており、バイオテクノロジーや予防医学、再生医療といった分野で、若々しく長く生きるために老化を防ごうとする研究が、この新たな産業の基盤を形成しているとのことだ[*5]。

　このように産業界においても注目が集まり、民間の資金も集まるようになっている。おそらく、富裕層は、老化を止めることや、若返りに強い関心をもっており、その実現のための投資欲が高いのであろう。

7.1.3 ライフコースを通じた研究の重要性

大人になってからも影響する胎児のときの栄養状態

胎児期や生後直後の健康・栄養状態が、成人になってからの健康に影響を及ぼすという **DoHAD 仮説**（Developmental Origins of Health and Disease）が注目されている。第二次世界大戦中にドイツ軍に包囲されたオランダで起きた飢饉下で、妊娠中に子宮内で低栄養にさらされた胎児が、成長後に高頻度に肥満を呈したことや、胎生期環境が冠動脈疾患、脳卒中、肝臓病、高血圧、糖尿病、がんなどのその後の生活習慣病発症に及ぼす影響が大きいことを示唆するデータが示されるとともに、母体内の栄養が統合失調症に影響することも示唆されたというものだ[*6]。

これは、胎児が親から受け継いだゲノムの影響ではなく、子宮内での環境の影響によるものである。出生後も継続的に健康状態を地道に追ったことでこのようなことがわかった。**コホート研究**の成果の一つであり、数十年にわたって継続する調査の重要性を示している。

ライフコースを通じて健康と病気を考える

こうしたことをふまえると、胎児期、幼児期、青年期、壮年期、老年期など人生を区切って健康や病気をとらえるだけでなく、人々の一生、すなわち**ライフコース**を通じた研究が重要になってくるだろう。

京都大学総長や総合科学技術会議常勤議員を務めた井村裕夫 京都大学名誉教授は、多くの **NCD**（Non Communicable Diseases, **非感染症疾患**）発症のメカニズムを考える上でも、また多数の人を対象にした疫学的研究を行う上でも、さらに NCD に対して予防対策を立てる上でも、これからはライフコースのさまざまな時期にわたって研究し、健康増進のための方策を考えていかねばならないとして、**ライフコース・ヘルスケア**という概念を提案している[*7]。従来の医学研究は、がん、認知症、脳血管疾患など中高年になってかかりやすい疾患に重点がおかれていたといえるだろう。

この傾向は医学研究に限らない。これまで、日本の社会保障や福祉に関する政策は、年金、高齢者医療、福祉施設など、どちらかといえば人生後半に重点が置かれていたと言える。生殖、胎児、乳幼児、小児など人生前半の病気や健

康問題にも焦点を当て、ライフコースを通じた研究という観点を取り入れていくことが必要である。若い頃からの積み重ねが、中高年の健康にも反映されることを考えると、こうしたライフコースの観点はますます重要になるだろう。

ライフコースを通じたヘルスケアデータの活用

日本では、母子手帳による胎児と母親の健康管理に始まって、学校、職場、地域において各種の健康診断が行われており、**ヘルスケアデータ**が多量にある。また、病気になってクリニックや病院にかかればそれぞれの医療機関に自分のデータが存在する。こうしたデータを使いやすく、また、信頼できるデジタルデータとして整理することができれば、私たちのライフコースのヘルスケアデータが得られる。そして、このデータを集めて解析することができれば、健康や病気に関する新しい知識を得られるだろう。

ライフコースを通じた医学研究の提案

2015年に設立された日本医療研究開発機構（AMED）の内部で、2020年から始まる第2期の中期目標・中期計画に向けた検討をしていた際、ライフコースを通じた医学研究という考え方を新しく打ち出したらどうかというアイデアが職員たちから出された（図7-1）。私も理事として議論に参加していたのだが、かなり先を読んだ考えであったと思う。例えば、脳神経関係の発達や疾患につ

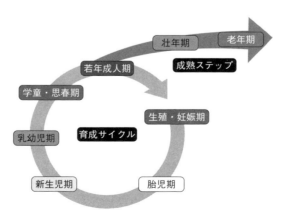

図7-1　ライフコースに応じた研究

いて見てみると、自閉症、統合失調症、うつ病、パーキンソン病、認知症など
はライフコースに対応しているとのことだった。

2018年4月に開催された日本内分泌学会のシンポジウムに登壇した際、
AMEDにおけるライフコースの議論を紹介したところ、上述の井村先生がい
らしていて、その後1時間ほど先生からライフコース・ヘルスケアの重要性を
教えていただいた。

ライフサイエンス委員会の議論と提案

文部科学省にはアカデミアだけでなく産業界の委員も入った**ライフサイエン
ス委員会**という審議会がある。このライフサイエンス委員会が2024年6月に
とりまとめて公表した「ライフサイエンス研究の研究力向上に向けて〜
Curiosity、Methodology、Missionが融合した新たなライフサイエンス研究の
構築〜中間とりまとめ」においては、「いち早く少子・超高齢社会を迎える日
本が、あらゆる年代が健康な社会（**幸齢社会**）を世界に先駆けて実現していく
ため、ライフコースに着目した研究を推進。医療負担の軽減にもつなげ、コス
ト（Cost）を価値（Value）へ転換。早期ライフステージにも着目し、生殖医
療や幼年期の発達支援、小児医療に貢献」ということが書かれている[*8]。

128　第Ⅲ部　新しい生死の概念の登場と私たちの生き方

7.2　老化研究の社会的課題と対応

7.2.1　老化は病気か

老化の治療

老化のメカニズムに関する研究が進むと、老化を制御することも研究の対象となる。老化は病気なのだから、治療をするという考え方だ。ノンフィクション作家の河合香織氏は、第一線の老化研究者を訪ねて、人間は生物学的に何歳まで生きることが可能なのか、老化を制御し若返りさせる物質はあるのか、長寿の生活習慣はどのようなものか、などをまとめ、『老化は治療できるか』という本を書いている[9]。この本で興味深いのは、食事や睡眠、そして主観的幸福感の重要性を強調するとともに、テクノロジーによる老化の制御をこのまま進めることについて問題を投げかけていることだ。

また、老化を専門とする研究者の早野元嗣博士は、今後、「老化を防ぐ」のはもとより、「老化した人が若返ったり」、さらには望めば誰もが「老化しないまま生涯を過ごせる」ような世界が実現しているかもしれないとし、人が250歳まで生きる日が来ると説いている[10]。

2024年に米寿を迎えたがんの基礎研究者の黒木登志夫 東京大学名誉教授は、死についての著書で、「老化は、病気だろうか。それとも自然現象なのだろうか。人々は、病気なら老化も治せるはずと考え、ホルモン、コラーゲンなどに頼ろうとする。しかし、老化は病気でないと私は考える」と書いている[11]。

44歳と60歳は変化の年齢

Nature Aging という学術雑誌に2024年7月に掲載された論文によると、およそ44歳と60歳の2つの主要な時期に老化の分子マーカーに関する大きな異常が発生していることが示され、早期診断や予防方法の開発への示唆が得られたとのことだ[12]。

ただし、この研究の対象となった参加者が108人であり、しかもスタンフォード大学周辺のコミュニティの人たちであるという限界も明示されていること

に留意する必要があるだろう。

老化の制御と健康寿命

時期や内容に個人差はあるだろうが、私自身を省みると、50代後半から老化を実感している。文字どおり頭のてっぺんから足の指先まで、体も精神もだ。白髪が増え、髪は少なくなり、視力や聴力は衰え、肌のしわやシミは増え、五十肩が今では六十肩に。筋力は衰え、ちょっとした段差につまずいて転び、血圧は高く、トイレは近くなり、短期記憶力は衰え、記憶していたことを言葉にするのに時間がかかり……と挙げたらきりがない。こうしたことが抑えられ、若いころのままにいられるのであれば、高齢者にとっては幸せかもしれない。

だが、生物学的、あるいは人類社会全体として見たときにそれはよいことなのだろうか。歳をとって老いた者は、次の世代に譲ることも今までは重視されていたが、老化が病気とされ、制御されるようになったらどうなるのだろう。生物としての世代交代、社会の新陳代謝も必要ではないかと思う。そのような観点からは、生物学的寿命を伸ばすのではなくて、健康寿命の延伸が重要になってくるのだろう。

7.2.2 老化の制御が可能となった社会のシステム

加齢による病気が克服された社会

老化を制御することが可能となった場合、社会はどのような影響を受けるのであろうか。また、どのような社会システムが必要とされるのだろうか。先ほど紹介した日本医療研究開発機構の資料では、夢が叶った世界として、次のことが挙げられている[13]。

- からだが弱っていく老化現象から解放され、同時にがんや認知症などの予防が可能になる。
- 加齢によるからだの変化を防ぐことができる。
- 老化が原因となって起こるあらゆる病気が克服される。

ここで説明されている世界は、医学や科学から見たものである。そのとき、社会はどのような制度やシステムを用意しなければならないのだろうか。この

ムーンショット型研究開発プロジェクトの説明には、社会制度への視点が欠けているように見える。研究が実用化されて、生物としての世代交代や社会としての新陳代謝が今よりずっと遅くなった場合の社会システムを考えておく必要があるだろう。

老化が治療されたら？

さまざまな加齢に伴う現象の多くは、現在のところ生理的なものと考えられているが、これらが治療するべき老化だとなったら、どうなるのだろう。

治療されれば、外見、体力、知力などの衰えも遅くなるのだろう。もし、知力の衰えが抑えられるとなると、ものの考え方はどうなるのだろう。多くの場合、同一人物でも 20 代と 50 代では考え方や感じ方が異なる。知識が増え、経験を重ねることで見識が高くなるはすだ（そうでない場合も見かけるが）。

こうした内面の成長や深化と老化制御との関係は研究としては興味深い。新しいアイデアでイノベーションを起こすのは若い人たちであることが多いが、老化制御が実用化された社会におけるイノベーションの過程はどうなるのだろうか。

また、外見上は、還暦を迎えてもしわや白髪が見られなくなるのだろうか。体力の衰えも遅くなれば、オリンピックをはじめとした各種の運動競技に選手として出場できる年齢層も幅広くなるかもしれない。しかし、老化の治療とドーピングの違いは何なのだろうかという疑問も出てくる。

また、生殖機能の加齢による衰えが抑えられれば、生殖年齢が幅広くなる可能性もある。60 歳で出産できるとなると、孫よりも子どものほうが年下ということも起き、親子や家族の制度にも影響が出てくるかもしれない。

医療制度の見直し

疾患について考えてみると、老化の治療によって、加齢の影響が大きい認知症、パーキンソン病、高血圧、糖尿病、がんなどの疾患にかかりにくくなれば、健康寿命が延びることが期待される。そうすると、高齢者は医療機関のお世話になることが従来よりも少なくなることも考えれる。死因としては老衰が多くなるのだろう。もしかしたら国全体としての医療費は減少するかもしれない。医療経済的な研究も重要だ。医療制度の見直しも必要になる。

労働・教育・福祉などの見直し

　健康である時期が長いので、働く期間も長くなり、定年も後ろ倒しになるし、年金支給開始年齢も遅くなるだろう。また、学び直しも頻繁になり、現在よりも多くのキャリアを経験することになり、それに応じた教育システムも必要だ。知的能力や身体的能力の低下といった老化現象から解放されるのであれば、要介護者も減少する可能性がある。労働法制、医療保険、介護保険、年金制度などの制度を変えていくことが必要になる。年金や定年については、年齢で制限するのではなく、能力で判断される社会に変化するのではないか。また、少し細かいことになるが、交通機関、映画館、美術館等のシルバー料金なども見直す必要が出てくるかもしれない。

　このように社会に大きな影響を与えそうな研究については、法的・倫理的・社会的・経済的な課題に関する研究を同時に進める必要がある。

7.2.3　エイジズム──年齢による差別、高齢者への偏見

エイジズムの例

　年齢にもとづく差別や偏見を**エイジズム**という。人種にもとづく**人種差別**や性にもとづく**性差別**に通じる問題だ。日本の科学技術研究の世界では、シニアが優遇されているので、若手を大切にするべきとの見方もある。

　しかし、次のような例もある。ある研究費配分機関が公募している大きな研究プロジェクトの面接審査の際に、リーダーとして申請していた60代初めの男性研究者に対して、審査委員は10年後にあなたはこのプロジェクトを率いていられるのか、年齢的に無理ではないかと指摘した。これも年齢にもとづく差別であり、偏見であろう。60代初めの平均余命を考えれば、70代になっていてもリーダーとして元気に活躍している可能性が高い。

　そもそも、公募要領に年齢制限は書かれていないのであり、評価の内容にしてはならない。性別で差別してはならないということは常識となっているが、年齢での差別については無頓着のように見える。もちろん、若い研究者を育てる観点から、年齢の上限を設定し、それを明記した研究支援制度を設けるのは合理的な理由がある。

132 第Ⅲ部 新しい生死の概念の登場と私たちの生き方

老いることをポジティブに考える

エール大学公衆衛生、社会及び行動科学部門の学部長であるベッカ・レヴィー（Becca Levy）同大学教授は、老化や高齢期をポジティブに考えて生きた人々が、実際に健康な老後を生き、ネガティブに考えて生きる人々に比べて寿命が長かったということを、疫学研究で証明した。その著書において、エイジズムを批判し、年齢の固定観念を打ち破るべきであることを主張している[*14]。

レヴィー教授は、学生時代に日本の大学に滞在したことがあり、日本人は、米国人と異なり、老いを恐れ、忌み嫌うものというよりも、むしろ楽しむもの、生きることそのものとして扱っていたと書いているが、少々美化しすぎているように見える。とはいえ、同教授は、アンチエイジングのような研究に頼るよりも、私たちの年齢や加齢に対するネガティブな固定観念を打ち破り、ポジティブな考えに変更することにより、活動的で生き生きとした人生を送るだけでなく、寿命も延びるということを主張している。

■考えてみよう

☞ 平均寿命が 100 歳になったとき、一定の年齢になったら退職する定年制度はどうなるだろうか。

☞ 老化は病気なのだろうか。

8章 エンハンスメント

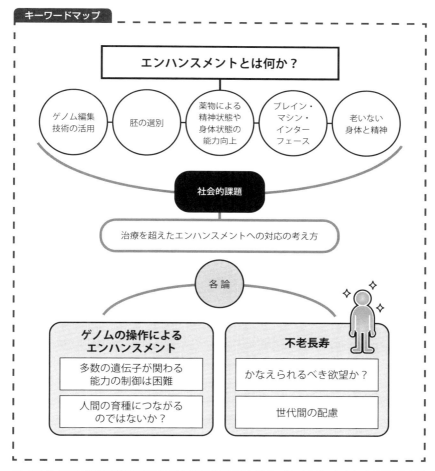

ライフサイエンスは治療を超えた能力の向上である「エンハンスメント」にも活用できる可能性がある。エンハンスメントに関する倫理的・法的・社会的課題への取り組み方について見てみよう。

134　第Ⅲ部　新しい生死の概念の登場と私たちの生き方

8.1

エンハンスメントとは何か

8.1.1　より高い能力をめざすエンハンスメント

　生命医科学をはじめとした科学技術により、私たちの体のしくみが遺伝子という分子レベルから解明されるようになり、さまざまな病気が診断され、治療されるようになった。しかし、これらの科学技術は、病気の治療だけでなく、視力、聴力、知力、体力などの能力向上を図る**エンハンスメント**にも活用できる可能性がある。それは、（悪いところの）治療を超えて、さらによくしようとするものである。

　2003 年に公表された米国の大統領生命倫理評議会が公表した報告書「**治療を超えて : バイオテクノロジーと幸福の追求**」(Beyond Therapy: Biotechnology and the Pursuit of Happiness)[*1] の前文において、同評議会の議長を務めたレオン・R・カス シカゴ大学教授は、「身体と心の働きを変える力（生命医科学技術の真髄でもある）は、病人や苦しんでいる人だけでなく、若く見えること、パフォーマンスを向上させること、幸せを感じること、あるいはより『完璧』になることを望むすべての人にとって魅力的である」と指摘している。

　本書で扱ってきた、ゲノム編集、生殖補助医療、ブレイン・マシン・インターフェースなどの新しく出現している技術は、こうしたエンハンスメントという共通する課題に大きく関わっている。まず、エンハンスメントに関してどのような技術が想定できるかを見てみよう。ただし、想定できるからといって、実現できるとは限らない。

8.1.2　先端科学を用いたさまざまなエンハンスメント

ゲノム編集技術の活用によるエンハンスメント

　第 3 章で説明したゲノム編集技術により、人類は私たちの精子、卵子、胚のレベルでゲノムを操作するテクノロジーを手にした。中国において、初めての**デザイナー・ベイビー**が生まれたことは紹介したとおりだ。ゲノム編集を用い

て、精子や卵子、あるいは胚の段階で、病気の原因となる遺伝子を除去し、正常な遺伝子に変更することが考えられる。また、知力、体力、芸術に関連する遺伝子が見つかった場合、これらを強化することも考えられる。

胚の選別によるエンハンスメント

第5章で説明したように**着床前診断**により、子宮に入れる胚を選ぶことが可能である。ゲノム編集のような技術で遺伝子を改変せずとも、例えば、ある病気の遺伝子をもっていない胚を選別することも可能である。この技術は子どもの性別を選ぶことにも活用できる。さらに、身長、肌の色、髪の毛の量などの選択、また、知能、運動能力、音楽的才能など特定の能力の選択ということも考えられる。

薬物による身体状態や精神状態のエンハンスメント

薬物による身体のエンハンスメントは、スポーツにおいて多くの場合、**ドーピング**となり、禁止されている。しかし、スポーツ以外で、筋力や持久力の強化や気分の変化のために、薬物やサプリメントが使われる場合もある。例えば、**リタリン**という注意欠陥や多動性障害のための医薬品がある。この医薬品を健常人が服用して、集中力を高めることができるそうだ。また、うつ病の医薬品を健常人が服用して、気分を明るくすることもありうる。こうした医薬品の使用が米国で問題になったことが先に紹介した「治療を超えて」において説明されている。また、学生が試験前に記憶力を向上させる薬を服用するということも考えられる。

ブレイン・マシン・インターフェースによるエンハンスメント

ブレイン・マシン・インターフェースによって、第6章で説明したように、体が不自由な方たちや病気になった人たちの生活に貢献することが可能だ。そして、この技術を用いて脳を人間以上の力を発揮できる機械につなげることで、災害救助に役立つかもしれない。また、肉眼よりも遠くが見えたり、暗い場所でも視力が発揮できたりする**人工網膜**などが開発される可能性がある。また、健常人よりも高い聴力を発揮する**人工内耳**も考えられる。

136　第Ⅲ部　新しい生死の概念の登場と私たちの生き方

8.1.3　老いない身体と精神

　8.1.1 項で紹介した「治療を超えて」において、私たちは「老いない身体（ageless body）」を追い求めているということも書かれている。第 7 章で指摘したように、老化は治療すべき病気であるか否かという問題がある。治療すべき病気でなければ、老化の制御は治療を超えたエンハンスメントと言えるかもしれない。筋肉の衰えを抑え強化する、記憶力を強化するなどの部分的なものから、第 7 章で説明したように体全体の老化を止め、さまざまな生活習慣病を予防できるようになることが考えられる。

8.2 エンハンスメントに関する社会的課題とその対応

　ここではまず、エンハンスメント一般にどう対応したらよいかを考えてみたい。具体例として、ゲノムの操作によるエンハンスメントと、不老長寿というエンハンスメントを取り上げてみる。

8.2.1　能力は与えられたものか？

エンハンスメントは政府による検討のスコープ外

　第3章で見たように総合科学技術・イノベーション会議の下の生命倫理調査会における検討では、生殖医療や難病の研究が前提となっており、病気の治療を超えた研究やその成果の活用は検討の対象となっていない。

　しかし、さまざまな場で、病気の治療を超えて、遺伝子改変、能力向上の薬剤、あるいは上述のブレイン・マシン・インターフェース技術などの新しい技術を活用して身体機能の向上等をめざすエンハンスメントに関する課題についての議論は行われてきた。

白熱教室のサンデル教授の議論

　対話による政治哲学の講義をテレビ番組にした「白熱教室」で一世を風靡したマイケル・J・サンデル ハーバード大学教授は、ブッシュ大統領時代の「大統領生命倫理評議会」の委員の一人を務めており、「治療を超えて」をとりまとめた委員の一人である。そのサンデル教授は、遺伝子操作によるエンハンスメントについて論じた単著を出版している[*2]

　そのなかで、「筋ジストロフィーの症状緩和や加齢に伴う筋力低下を防ぐための遺伝子治療は、きっと誰もが歓迎するだろうが、遺伝子改変されたスポーツ選手を作り出すのに同じ手法が利用されたらどうだろうか」という問題をはじめ、スポーツの例を頻繁に出して検討している。

人間の能力は天賦のもの

サンデル教授は、人間の能力は与えられたものであって、それが人間によって改変できるようになってしまうと、**謙虚、責任、連帯**という我々の道徳の輪郭を形作っている特徴が変わってしまうという。だからこそ、遺伝子改変をはじめ技術によるエンハンスメントは認められないと主張する。

そのような考えは、「経済的にも知的にも恵まれた親が、望みどおりの子どもをもち、競争社会を勝ち抜けるよう子どもに武装させるための一つの手段」として遺伝子改変による能力の増強を肯定するような**リベラルな優生学**とは一線を画している。

8.2.2　ゲノムの操作によるエンハンスメントをどう考えるか？

「治療を超えて」での議論

精子や卵子などの生殖細胞や胚のゲノムの操作によって能力を高めることに対しては、技術的な可能性が高まり、多くの議論が行われてきた。先ほど紹介した米国大統領生命倫理評議会の報告書「治療を超えて」においては、遺伝子改変による能力向上について検討し、概ね次のように指摘された。

- 外見、知性、記憶力など両親が望むような特徴は、遺伝的には多因子であり、望ましい特徴のみを発現させるように遺伝子を胚に入れることは困難である。
- そうした操作によって、有用な遺伝子が働かなくなる可能性があるだけでなく、多くの遺伝子は多機能であって、よい影響だけを与えるとは限らない。

ここに書かれていることは、20年以上たった現在においても通用する。ヒトゲノムやゲノム編集の科学は大きく進んだが、私たちの遺伝子の働きを自由に操れるようにはなっていない。とはいえ、こうした議論の積み重ねは重要であり、どんどん進んでいく科学技術への対応について、先人に学ぶことは、私たちにとって必須である。

多数の遺伝子が関わる能力

　この米国大統領生命倫理委員会の報告書で指摘しているのは、多くの遺伝子が関係している能力や容貌については、遺伝子を思いどおりに操って、能力を高めたり、容貌を望みどおりにしたりするというのは技術的に難しいので、実施すべきではないということだ。

　そうだとすると、もし多数の遺伝子の発現を制御できるようになったら、エンハンスメントを実施してもよいということになるだろうか。自らの子どもに高い能力や、特定の容貌や性格を願うことはある意味自然なようにも思えるが、これが技術的に可能となった場合、その技術を使うことは認められるのだろうか。

金森教授の指摘

　2016年に61歳で亡くなられたフランス哲学を専門とする金森修 東京大学教授は、2005年に出版した『遺伝子改造』という書籍で、ヒトに対する遺伝子の改変について深い考察を展開した[*3]。「生殖系列改造を絶対の悪とは考えてはいけない」として、人間の遺伝子改造を禁止するのではなく、制御するための規範を提案した。

　その本の結論部分で、「今後の多様な改造を、単に治療の成功・不成功という医学的規範に即して判断するのではなく、なんらかの倫理的規範を明示することで、改造に対する一定の制御をするという考え方を明らかにしておくべきだろう」と論じ、その原則として、

　①子どもの自由（liberty）の保護
　②子どもの自律性（autonomy）の保護
　③子どもの統合性（integrity）の保護

の3つを提案されている。

　遺伝子編集の技術が発展することで「遺伝子改造」の現実性が高まった現在の状況について、金森教授のお考えをお聞きしたかったが、それはもう叶わない。

140 第Ⅲ部 新しい生死の概念の登場と私たちの生き方

人間の育種につながらないか？

金森教授は、ヒトゲノムの改造技術が発展すれば、技術的なリスクが減少し、社会的にも受容されるようになるだろうと考え、ヒト胚の遺伝子改変によるエンハンスメントを禁じるのではなくて、歯止めをかけるルールとしての倫理原則を提唱した。

しかし、遺伝子を改変して、その能力を向上させたり、容貌を親の望みどおりにしたりすることは、生まれてくる子どもの自由を保護し、また、自律性の保護、そして統合性の保護をしたとしても、人間の「育種」につながるのではなかろうか。犬や猫のペット、牛や豚の家畜などを人間に都合のよい特性をもつように改良してきたが、それと共通するのではないかと私は危惧する。

そうした観点からは、単一の遺伝子の疾患の発症を止めるための遺伝子改変までは認めることができるだろう。もちろん、実際に胚の治療を行う際には安全性や有効性を科学的に評価することが必要だ。しかし、能力を向上させたり、外見を変えたりするようなエンハンスメントにつながる遺伝子の改変は行うべきではないだろうと考える。

8.2.3 不老長寿はかなえられるべき欲望か？

古からの夢である不老長寿

不老長寿、あるいは**不老不死**は古くから人間の夢だった。秦の始皇帝が不老不死を手に入れようとしたことは今に伝わっている。そして、老化研究は現在も多くの人々の関心を集めている。願望だけでなく、科学が進んで老化のメカニズムがわかってきたことにより、老化をコントロールできるのではないかという期待が高まってきたこともあるのだろう。また、老化の研究により、加齢が大きく影響するさまざまな疾患のメカニズムの解明とその制御の研究も進む可能性も高い。

世代間の配慮と老化研究への支持

他方で、乳幼児死亡率が未だに高い国もあり、また、幼少期や青年期に病気にかかる人たちもいるなかで、老化研究にどのくらいの資源を振り向けるべきかという議論もあるだろう。先ほど書いたように、日本は人生前半の社会保障

が弱いという指摘があるが、医学の研究においても、その傾向がある。

　こうした老化研究が成果をあげて、**超長寿**が実現することがわかった場合、反対する人がいるだろうか。おそらく誰もが望むだろう。しかし、老化防止が可能となった場合に、富裕層だけがその恩恵を受けることになってしまわないだろうか。その費用の負担についても考える必要がある。

　前述したように、超長寿が実現した社会にふさわしい社会制度を構築することについての研究に加えて、哲学や倫理学からの研究も必要であろう。

■考えてみよう

☞カップルが自分たちの子どもの能力を高めるために、胚の段階で遺伝子を操作することについて、そのカップルだけで決めてよいのだろうか。

☞努力によって能力を向上させることと、エンハンスメントとの違いは何だろうか。

コラム

ライフサイエンスの ELSI に取り組む学際的拠点の設立

本書は、先端のライフサイエンスに関する倫理的・法的・社会的課題（ELSI）という幅広いテーマを扱っている。このコラムでは、こうした課題に取り組む拠点の設立の経緯を紹介したい。

現在でこそ、大学や研究機関で倫理審査を行うことがあたりまえになっているが、私が文部科学省の生命倫理・安全対策室長を務めた 2000 年代初めの頃は、この分野の人材不足が指摘されていた。当時は、さまざまな要望にお応えして、ヒトゲノム、ヒト ES 細胞、クローン技術、疫学などに関する倫理指針を立て続けに作成し、遵守をお願いしていた。ところが、倫理審査をするにも委員になってくれるような人材がいない、事務局を担える人がいない、ルールを作るばかりでなく人材育成をする必要がある、という切実な声が私のところに聞こえてきた。人材については今も課題なのだが、当時は今以上に人材がいなかった。

当時、文部科学省が所管していた競争的資金のひとつに「科学技術振興調整費」という政策のニーズに柔軟に対応できる予算があり、人材育成も含まれていた。そこで、私たちはこの予算の担当部署にお願いし、人材育成のひとつの分野として生命倫理を含めてもらった。人材育成を一から立ち上げるとなると、学際的な研究者の複数の雇用や海外旅費なども必要となるので、不自由しないような金額を用意した。

ところが、現場の生命倫理の専門家の批判や要望を聞いて準備したのにも関わらず、公募が始まると当初は応募者が現れず、はしごをはずされた気分だった。結局、当時、東京大学と京都大学を兼務していて多忙を極めていた赤林朗教授が募集に応じた。この科学技術振興調整費をもとに、2003 年に東京大学大学院医学系研究科に生命・医療倫理人材養成ユニット（CBEL: Center for Biomedical Ethics and Law）が設立された。そして、2008 年には文部科学省グローバル COE プログラムと東京大学大学院医学系研究科の支援を受け、東京大学生命・医療倫理教育研究センター（CBEL）に改組、また、2019 年には東京大学生命倫理連携研究機構に改組された（http://cbel.jp/about-cbel/）。

CBEL は医学部に設置されたが、医学だけでなく、倫理学、法学、社会学、心理学などいわゆる人文学・社会科学の研究者が、生命倫理や医療倫理の研究や人材育成に取り組むという学際的な組織ができあがった。赤林教授の功績である。ここで研究をした研究者は、東北大学、慶應義塾大学、理科大学、京都大学、立命館大学、国立がん研究センター、国立国際医療研究センター、AMED など各地で活躍している。

第Ⅳ部

新たな科学技術と
私たちの社会

～政策からの視点～

9章 資源配分の考え方

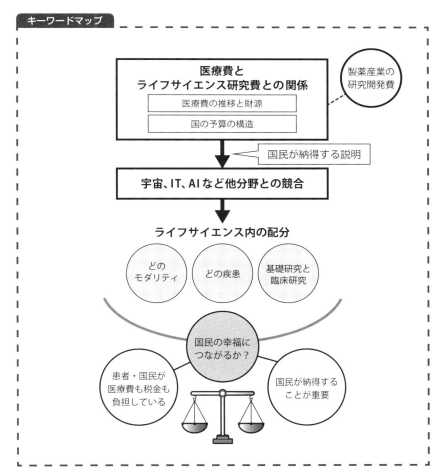

ライフサイエンスの研究を発展させるためにはたくさんのお金が必要だ。限られた資源である予算をどのように配分したら国民の幸せにつながるのだろうか。

146 第Ⅳ部 新たな科学技術と私たちの社会

9.1 ライフサイエンスの研究費をめぐる現状

9.1.1 なぜ研究費が問題となるのか

ライフサイエンス研究への資源配分

ライフサイエンスの研究を進めるためには、**研究費**が必要だ。世界の先進国の政府は、ライフサイエンスを重要な分野として、その研究を支援している。そして、世界の研究者は優れた成果をあげようと、しのぎを削っている。こうした状況のなか、私たちは、医療、教育、防衛、インフラ整備など数ある政策課題のなかで、ライフサイエンス研究への資源配分を考えなければならない。

財務省の報告書

財務省は、2024 年 7 月「国際収支から見た日本経済の課題と処方箋」懇談会の興味深い報告書を公表した[*1]。この懇談会は神田真人財務官（当時）が座長を務め、経済分野で気鋭の有識者を集めて議論が行われた。神田氏はかつて文部科学省の予算を担当する主計官を務めるなど、大学やアカデミアの状況にも詳しい。

この報告書では、「高等教育機関や研究機関において、あらゆる壁を取り払って新領域や複合領域を含むリスクの高い分野にもリソースを回すとともに、若手研究者の革新的な研究を強力に後押しすることなどが求められよう。むろん、将来の発展の糧となる基礎研究の強化も重要である」と、**新領域の研究**や**融合分野の研究**を進めることを強調するとともに、**基礎研究**にまで言及している。

神田氏が財務官僚として、国立大学をはじめアカデミアに求めていた内容が反映されているように思われる。

資源配分の考え方を考えよう

この章では、日本におけるライフサイエンスの研究費を中心に、資源配分について考えてみたい。なお、本章で説明する内容は、研究費という資源配分の

9章 資源配分の考え方 *147*

考え方について日本医学哲学倫理学会で発表した論考[*2]を発展させたものである。

9.1.2 医療費とライフサイエンスの研究費

医療費の推移と財源

まず、国の予算における**医療費**と**ライフサイエンス研究費**の関係を見てみよう。ここで取り上げる医療費とは、私たちが公的医療保険制度を利用して医療機関を受診した場合にかかる費用で、市販の医薬品の購入費や介護の費用は含まれない。この医療費を日本全体で足し合わせてみると、2021年度は45兆359億円で、前年度の42兆9,665億円に比べ2兆694億円、4.8%増加した。多少のでこぼこはあっても、ほぼ右上がりに増えている（**図9-1**）。

財源別に見てみると、国と地方自治体からは17兆1,025億円（構成割合38.0%）、私たちが加入している健康保険からは22兆4,957億円（同50.0%）、私たちが医療機関で支払う患者負担は5兆2,094億円（同11.6%）となっている[*3]（**表9-1**）。診療報酬は、厚生労働省が諮問機関である中央社会保険医療協議会の意見を聞いて決めており、その改定を2年に一度行っている。つまり、私たちが医療機関で受診したときに支払う医療費は国が決め、全国一律となっている。

国の予算の構成

国の予算は公共事業関係費、防衛関係費などに分類される（**図9-2**参照）。医療費は「**社会保障関係費**」に含まれる。これに対して、ライフサイエンス研究費は「**文教及び科学振興費**」（以下、科振費）に含まれる。

国の予算としては医療費とライフサイエンス研究費は「財布が別」なのである。とはいえ、厚生労働省の研究費も経済産業省の研究費もこの財布に分類されるので、各省横串を通して研究の予算を考えることは可能である。

なお、研究開発はどの府省においても優先順位が低いのが現実だ。たとえば厚労省にとっては、医療制度を整備することが、また、経産省にとっては、産業を振興し、経済を成長させることがより重要なのである。

国の予算全体が限られているなかで、ライフサイエンスの研究費が含まれる

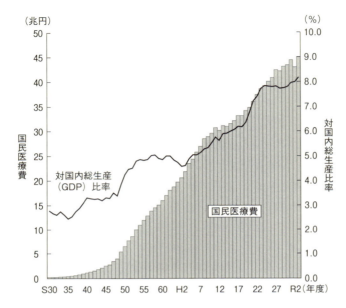

図 9-1　日本の国民医療費・対国内総生産比率の年次推移 (厚生労働省資料より)

表 9-1　国民医療費の財源別負担 (厚生労働省資料より)

財源	金額	割合
国と地方自治体	17兆1,025億円	38.0%
健康保険	22兆4,957億円	50.0%
患者負担	5兆2,094億円	11.6%

「科振費」を増やそうとすると、別の財布である「社会保障関係費」「公共事業関係費」「防衛関係費」などの他の経費と競う必要が出てくる。「財布」の間で取り合いする事態が発生するわけだ。したがって、財政状況が厳しいなかで科振費を増やすためには、例えば、社会保障や公共事業といった分野よりも、科学技術に予算を回すほうが国民のためになるということを説明できることが必要となる。なお、国立大学の運営費交付金についても、増やすと国民にこういうよいことがある、あるいは増やさないと皆さんにこんな不都合が起きるということを具体的に説明し、納得してもらわなければならないのだが、この点が弱いと思う。

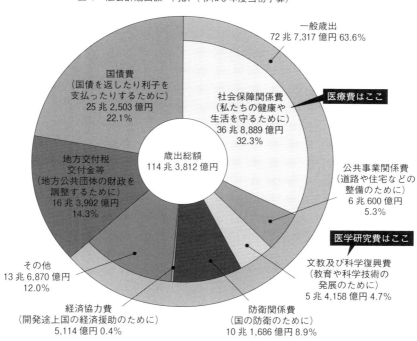

図 9-2　国の予算における医療費と研究費（財務省資料より*4）

9.1.3 宇宙、IT、AI など他分野研究との競合

科学技術のなかでのトレードオフ

次に、この「科振費」のなかで、どのように研究費を配分するかが問題となる。ライフサイエンス分野の研究費を増やすためには、科振費が一定額だとすると、宇宙、海洋、IT、AI などの他分野の研究よりも、ライフサイエンスの研究が重要であることを示す必要がある。すなわち、ライフサイエンスの研究費と他分野の研究費は**トレードオフ**の関係にある。

IT や AI の研究とライフサイエンス研究とどちらが重要かと言われても判断するのが難しい。ライフサイエンス研究は私たちの健康に関わるものであり、その重要性は他分野よりも説明しやすいかもしれない。一方で、IT や AI に関しては、産業としても大規模なのに日本企業の存在は小さい。また、データや

150　第IV部　新たな科学技術と私たちの社会

情報が海外企業に吸い取られて、日本は「デジタル小作」でよいのか、この分野の研究を強化すべきではという指摘もある。

ライフサイエンスのなかで協力することが重要

　この説明からわかるように、ある分野の研究者がゲノム研究に予算を取られた、あるいは、本章のコラムで紹介するような遺伝子治療の研究費がiPS細胞研究にシフトしたなどというのは、コップのなかの争いとでもいうようなものであるし、足の引っ張り合いにも見えてしまう。お互いに協力することが大切だ。もちろん、科学技術関係全体の予算を増やすべきであるが、現在の財政状況では難しいということを認識し、戦略を考える必要がある。

9.1.4　製薬産業における研究開発費

研究開発費割合が高い製薬産業

　科学技術・学術政策研究所の「科学技術指標2023」[*5] によると、2021年度において、売上高に占める研究開発費の割合が最も大きいのは「**医薬品製造業**」で、9.0％である。製薬産業は知識集約産業であり、医薬品の開発には多大な研究開発費が必要なのである。

公定価格の医薬品

　それでは、製薬企業における創薬の**研究開発費**はどのように得られるのだろうか。製薬企業も他の製造業と同様、製品を販売し、その売り上げから研究開発費を捻出している。そして、市場で価格が決まる自動車産業や電化製品産業とは異なり、医療用医薬品は健康保険の対象となり、価格が国によって決められている。

　日本の医療財政は厳しいことから、最先端の科学技術を集めた新薬であっても、薬価が抑えられがちである。そのため、世界の製薬企業にとって日本市場の魅力が小さくなっており、日本での治験が行われず、医薬品として公的に認められない事態が生じている。そのため、新しい医薬品が国内では使えないという**ドラッグロス**が生じている。

創薬エコシステムサミット

　こうした状況に政府も産業界も危機意識をもっている。2024 年 7 月には、総理大臣官邸で、総理大臣、外資を含む製薬企業、大学の研究者、関係府省の官僚、患者会の代表者などが出席した「創薬エコシステムサミット」が開催された。

　この場では、総理から次の 3 つの施策が示されたとのことだ[6]。

①日本はもとより、世界中から開発をよび込むために、ヒトに最初に投与する試験であるファースト・イン・ヒューマン（FIH）試験実施体制を整備するなど、国際水準の治験や臨床試験の実施体制の整備を進める。

②外国の製薬企業やベンチャーキャピタルもよびこみ、アカデミアやスタートアップのシーズを育て、実用化まで連続的な支援を行う環境・体制を日本に作っていく。

③創薬ベンチャーエコシステム事業をより早い段階から支援を行えるようにすること等を通じて、創薬スタートアップへの民間投資額を 5 年後の 2028 年には 2 倍にし、企業価値 100 億円以上の創薬スタートアップを 10 社以上輩出するなど、投資とイノベーションが継続して起こるシステムを実現していく。

152 第Ⅳ部 新たな科学技術と私たちの社会

9.2 研究費の配分

9.2.1 ライフサイエンス研究費配分の考え方——モダリティ

モダリティの移り変わり

次にライフサイエンスにおける研究費の配分を考えてみよう。低分子医薬、抗体医薬、核酸医薬、細胞治療、遺伝子治療、再生医療など医療の手段の種別を**モダリティ**という。アカデミアも産業界も病気の診断や治療のための新しい技術の開発にしのぎを削ってきた。

低分子医薬は、分子量が 500 以下の分子でできている医薬品で、**化学合成**で作られる。小さな分子で病気のもととなる反応をブロックするような働きをするものだ。20 世紀後半までは化学合成で作られる低分子医薬が新規医薬品の主流だった。しかし、**バイオテクノロジー**の発展によって 20 世紀終わりには**抗体医薬**や**遺伝子治療**の開発が行われ、21 世紀になると**核酸医薬**、**再生医療**などの新しい技術の開発が行われるようになった。化学の世界からバイオの世界へという転換が起きたのだ。

もともと日本の製薬企業は化学合成が強く、新薬をどんどん開発していた。ところが、バイオテクノロジーは、日本の企業は強くないのが実情のようだ。

モダリティの育成と基礎研究

それでは、どのモダリティに、どの程度の研究費を配分するかという判断基準は、どのようなものだろうか。製薬企業は、対象疾患の治療に最適なモダリティを選択するというように、最終目標からさかのぼって考えるバックキャスト的な考え方を取ることが多いだろう。一方で、選択するといってもその選択肢となるような技術を作ることも必要であり、ライフサイエンス研究の政策としては、新しいモダリティの創出のための研究を支援することが重要だ。政府としての支援を考えるのであれば、独創性、新規性、将来性などが重視されるだろう。

気をつけなければならないのは、ライフサイエンス研究のすべてをモダリテ

ィでは分類できないことだ。私たちの健常な状態における脳の働きの研究、あるいはがんができるしくみなどの基礎研究はモダリティ以前の話だからだ。9.2.3項でも述べるように、こうした基礎研究があるからこそ、病気を見つけ、治すことができるのである。先進国として、基礎研究への十分な資源配分が必要である。

9.2.2 医学研究費の配分——どの病気の研究を優先するべきか

アンメットメディカルニーズ

ライフサイエンス研究のうち、医学研究の多くは疾患の解明、診断、治療をめざし、苦しむ患者を救おうというものであろう。その場合、どの疾患の研究を優先すべきだろうか。がんや認知症など患者数が多い疾病を優先するという考え方もあるが、その場合、患者数が少ない希少疾患は後回しになってしまう。創薬においては、いまだ満たされていない医療ニーズ、つまり、いまだ有効な治療方法がない疾患に対する医療ニーズである「**アンメットメディカルニーズ**」へ対応しようという考え方がある。

障害調整生存年（DALY）

日本では、がん、心疾患、脳血管疾患の百万人あたりの死者数が多いのに対して、認知症や目や耳などの感覚器疾患が死因のそれは少ない。だからといって、後者の研究に重点を置かなくてよいことにはならないだろう。

グレッグ・ボグナー博士とイワオ・ヒロセ博士は、限られた医療資源を配分する際の共通の指標について、次のようなことを論じている[7]。障害が原因で失われた生存年数と障害を抱えて暮らした生存年数の合計によって表される疾病負担の尺度である**障害調整生存年**（**DALY**: Disability-adjusted life years）が開発された。これに対して、能力障害がもたらす負担は社会的または文化的状況が違えばその負担度合いは異なるという批判や、評価者によって負担の度合いが異なるという批判がある。疾患ごとの優先順位をつけることは困難であり、多くの人が納得するような説明はできないようだ。

154　第Ⅳ部　新たな科学技術と私たちの社会

疾患に関する法律

　日本における疾患に関する法律としては、例えば、「がん対策基本法」、「難病の患者に対する医療等に関する法律」、「健康寿命の延伸等を図るための脳卒中、心臓病その他の循環器病に係る対策に関する基本法」、「共生社会の実現を推進するための認知症基本法」などがあり、それぞれ研究開発の重要性が盛り込まれている。それぞれの疾患は法律にするくらいに重要なのだが、法律間、疾病間の調整までは法律に書かれていない。

9.2.3　ライフサイエンス研究費の配分——基礎研究と臨床研究

基礎研究と臨床研究のバランス

　ライフサイエンス研究を大別すると、生命のしくみや疾患の発症のしくみの解明などをめざす**基礎研究**と、患者を対象とした疾患の診断や治療を目的とする**臨床研究**がある。政府が公表している科学技術白書によると、基礎研究は次のようなものとされる[8]。

> 基礎研究は主に「真理の探究」、「基本原理の解明」や「新たな知の発見、創出や蓄積」などを志向する研究活動である。それは誰も足を踏み入れたことのない知のフロンティアを開拓する営みであり、研究者たちは絶えず独創的なアイデアや手法を考案し、試行錯誤を繰り返しながら、少しずつ未知を既知へと変えていく。このため、研究領域によって研究期間などの状況は大きく異なるものの、基礎研究は目に見える成果が現れるまで長い時間を要したり、その成果がどのような役に立つのかが直ちにわからなかったりすることが多い。しかしながら、その結果として解明・創出された「真理」、「基本原理」や「新たな知」は、科学的に大きな価値があることはもちろん、既存の技術の限界を打破し、これまでにない革新的な製品やサービスを生み出すなど、私たちの暮らしや社会の在り方を大きく変える可能性を秘めている。

　このように重要とされている基礎研究に対して、米国や中国等をはじめとした科学技術の主要国は大きな投資をしている。オリジナリティが強く求められる基礎研究は、二番煎じというわけにはいかない。ライフサイエンス研究にお

いて、病気のメカニズムの解明、診断方法や治療法の確立という目的を達成するためには、基礎研究と臨床研究をバランスよく推進することが必要である。

論文数の分析による研究力の把握

合理的な資源配分を行うためには、基礎研究や臨床研究でどのような分野の研究が行われているかを把握することが必要であり、その方法としては、論文数の分析がある。科学技術・学術政策研究所は、**論文データベース**の分析により国際的に注目を集めている研究領域を定量的に抽出し、それらが、互いにどのような位置関係にあるのかを俯瞰図として可視化する**サイエンスマップ**を定期的に公表している。

ただし、論文データベースの分析は客観的という面では優れているが、研究を行ってから論文として公表されるまでに時間を要するので、新規分野の研究の実施とはタイムラグが生じる。また、こうした統計解析においては、論文の内容などの重要な情報もこぼれ落ちやすいことに注意する必要がある。

統計データに現れる前の独創的な研究の支援

統計データとして見える研究分野に成長する前に、新規で独創的な研究、すなわち今まで誰も行ったことのない研究を支援することも重要である。日本において研究者の自由で新しい発想の研究を支えるのは、主として日本学術振興会の**科学研究費助成事業（科研費）**だ。科研費は、人文学、社会科学から自然科学まですべての分野にわたり、基礎から応用までのあらゆる「**学術研究**」（研究者の自由な発想にもとづく研究）を格段に発展させることを目的とする**競争的研究費**であり、ライフサイエンス研究も含まれる。

また、科学技術振興機構の「**創発的研究支援事業**」は、若手研究者の新規で独創的な研究を支援対象としている。すでに世界最先端の研究を行っている「大木」の支援をしがちであるが、森になる前の苗の段階から育てることが必要である。

156　第Ⅳ部　新たな科学技術と私たちの社会

9.3　資源配分に関する社会としての対応

9.3.1　審議会の効用

有識者による協議

　各省庁では、政策を検討するために有識者を集めた審議会を開催している。各分野の専門家である有識者に協議をしてもらって、政策の方向性を決めていこうとするもので、さまざまな知恵を総合しようとしている。例えば、文部科学省では科学技術・学術審議会のなかに「ライフサイエンス委員会」を設置し、さまざまな分野の専門家に出席していただいている。再生医療や脳科学など、さらに深く議論する場合には同委員会の下に部会を設置する場合もある。

エビデンスにもとづく議論と透明性の確保

　同委員会の資料や議事録を見るとエビデンスを示して議論をしており、EBPM（Evidence-Based Policy Making, 証拠に基づく政策立案）の考え方が反映されていることがわかる。また近年、資料や議事録はホームページで公開されるので、透明性も担保されるようになっている。

　他方で、審議会は役所の隠れ蓑などと批判されることもある。委員の選任や資料の準備などを各府省の官僚が担当するからだ。昨今は、上記のように情報や審議が公開されているので、多くの人が納得する方たちに委員を委嘱しているかどうか、また、活発な議論が行われているかどうかに注意したい。

司令塔機能と現場の声

　最近では、内閣府に司令塔機能をもたせて、府省横断的に政策を立案し、実行することが求められている。科学技術や健康・医療の分野では、**総合科学技術・イノベーション会議**や**健康・医療戦略推進本部**である。こうした構造のため、各省が下請けのようになる嫌いがある。しかし、さまざまな政策課題は現場にあり、各省は現場に近い。生の声に耳を傾け、データを集めて解析し、ボトムアップで地に足の着いた政策を形成していくことは極めて重要である。

9.3.2　国民や患者の幸福につながるか——社会との共創の必要性

国民が納得する説明が必要

　研究者の立場からみると、潤沢な研究費が用意されることや良好な研究環境を整備することは望ましい。大学や公的な研究機関においては、これらの費用の多くは国の予算で賄われる。したがって、納税者である国民が納得する必要がある。原因が不明な病気や治療法がなかった病気の診断方法や治療法につながるなど、患者の幸せに貢献するような説明が望まれる。

官僚の仕事

　官僚は自分の担当している行政をよくすることが仕事だ。よい制度にするために、法律を立案し（法律の制定は国会の仕事）、ルールを改善し、事業を展開するために予算を取ってくる。これはどの官僚も同じだ。

　少子高齢社会における社会保障、国際的な緊張が高まる中での安全保障、地震や台風などの大規模災害が頻発するなかでの国土強靱化など、政治的にも重要な分野がたくさんあって、それぞれ予算が必要である。そうしたなかで、ライフサイエンスの研究は重要だということを大学や担当府省が主張しているだけでは予算は取れない。

　ライフサイエンスについては、この研究が患者や国民の幸福に貢献することを説明し、納税者に支持してもらうことが必要である。

患者や国民が負担する医療費と税金

　産業界や政府が公表する情報や資料を見ると、医薬品や医療機器の売り上げをはじめとした経済的な指標や産業界側の事情を前面に出すものがほとんどである。医薬品産業が患者や国民の健康に貢献することを示すことで、国民の支持を得ることが必要だと思われる。先述の「創薬エコシステムサミット」においても、「創薬の原点は、新たな治療法を待ち望んでいる患者さんの存在です」という総理大臣の発言があった。

　医療費の財源別の構成は先ほど示したように、公費（国庫と地方）38%、保険50%、患者負担12%となっている。公費は税金であるし、保険も保険者である国民と雇用主の事業者の負担となっており、結局医療費の多くは国民の懐

から出ているのである。先進国において膨張する医療費への対応は共通の課題である。不必要だったり過剰だったりする部分、あるいは効果が小さい医薬品や医療機器などがあれば、それを削減することが必要だろう。

しかしながら、国民が自分たちの健康のためにお金を支払うことに納得するのであれば必ずしも削減しなくても、あるいは増額してもよいのではないか。また、支払いの能力が高い方は、多めに負担していただくなどの考え方を進めてもよいだろう。

国民や患者の参画

医療分野の研究開発では、**患者・市民参画**（PPI: Patient and Public Involvement）という考え方が日本でも最近重視されるようになった。社会と共創していこうという考え方だ。財政的な観点から見ると資源（公費）の医療への負担は小さいほうがよいだろう。

しかし、患者や国民から見た場合、自身の病気が治療され、また、健康が維持されることに自分たちのお金が投入されることに賛成するのではないだろうか。こうした考え方を、創薬戦略をはじめとした医療政策にも取り込むことが求められる。

■考えてみよう
☞ ライフサイエンス分野の研究の予算を増やすには、どのような方策が必要だろうか。
☞ ライフサイエンスにおける基礎研究の役割はどのようなものだろうか。

再生医療の研究費と遺伝子治療の研究費

　研究費を配分する機関の科学技術振興機構のシンクタンクである研究開発戦略センター（CRDS）の報告書において、「2010年前後より、日本の研究費がiPS細胞などを利用した再生医療に大きくシフトし、遺伝子治療に対する研究費が激減したため、次世代の研究者が十分に育っていないことが問題となっている」[*9]という指摘がされている。この記述は、政策の現場にいた筆者には事実と異なるように見える。

　山中先生がiPS細胞の研究で顕著な業績を挙げたので、再生医療や幹細胞の分野の研究費が大きく増えたことは事実である。しかし、そもそも遺伝子治療分野の研究では遺伝子治療に関するプロジェクトもなく、シフトするほどの研究費はなかった。

　iPS細胞の作製は日本発で、後にノーベル賞を受賞された世界的な業績であって、2006年から国内外で大きな注目を浴びていた。もし、遺伝子治療の分野で日本発の成果が出ているのにもかかわらず、予算が確保されていないのであれば、政策の失点を指摘するべきである。なお、iPS細胞の作製にあたっては、遺伝子治療の際に遺伝子を運ぶ「ベクター」を活用しており、遺伝子治療研究とiPS細胞研究の距離は近いのである。

　21世紀における遺伝子治療研究に関わる政策について少し振り返ってみよう。私が生命倫理・安全対策室長を務めていた2001年当時、遺伝子治療に関する指針が文部科学省と厚生労働省それぞれにあり、大学病院における遺伝子治療の研究については、両省がそれぞれの指針に沿って別々に審査をしていた。20世紀の文部省と厚生省の関係の名残だった。

　これは非効率なので、2002年に両省が協力して二つの指針を一つにまとめ、医療に関する専門的知見を有する厚生労働省が指針にもとづく審査を行うという規制緩和を実施した。なお、文部科学省にとっては、権限が縮小することになるので、省内で疑問視する見方もあった。

　研究を進めやすくなったので、研究者や産業界からは歓迎された。日本においても実際に病気で苦しむ患者を対象とする臨床研究を行うまでに進んでいたので、遺伝子治療という新しい医療への期待は大きかった。

　ところが、指針を統一してまもなく、フランスにおける遺伝子治療の研究で、挿入した遺伝子が目的の箇所とは別の箇所に入り込み、子どもの患者が白血病を発症するインシデントが起きてしまった。日本でも行っていた同じ遺伝子治療の臨床研究はストップし、日本の遺伝子治療の研究は下火になった。患者に投与する臨床研究を行っていたのにたいへん残念なことだった。また、規制緩和に尽力した私たちも梯子をはずされた状態になった。

　私はその後、2007年1月から2009年7月までライフサイエンス課長を務め、ライフサイエンスの研究を振興する立場にいたのだが、このインシデントを乗り越えるために、日本の遺伝子治療研究の研究者の皆さんがどのように苦労をされたのかについて教えていただく機会がな

かった。iPS 細胞に匹敵するような成果が出ているという情報もなかった。

遺伝子治療のプロジェクトはなかったが、遺伝子組換え技術を用いてウイルスゲノムを「設計」して、がん細胞ではよく増えても正常細胞ではまったく増えないウイルスを人工的に造って臨床に応用する「がんのウイルス療法」のような新しい遺伝子治療法の研究開発の支援はがん研究のなかで行われた。

遺伝子治療は、ゲノム編集をはじめ遺伝子治療に関係する有望な技術が出現するなど期待が大きい分野となり、日本医療研究開発機構の研究助成においても有力なモダリティに位置づけられている。今後、日本発の研究成果がどんどん出て、新しい医療につなげていただきたいと思う。

10章 研究不正から研究インテグリティへ

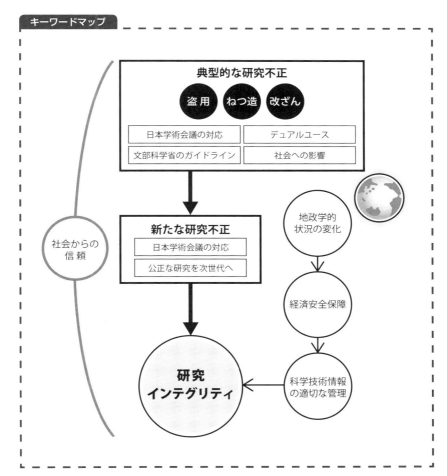

盗用、ねつ造、改ざんといった古くからの研究不正に加えて、新しい不正も登場している。また、経済安全保障の考えも入ってきた。社会から信頼される公正な研究とはどのようなものなのだろうか。

162　第Ⅳ部　新たな科学技術と私たちの社会

10.1 研究不正の変化とそれへの対応

10.1.1　典型的な研究不正

頻発した研究不正

　21世紀の初め頃、海外でも日本でもライフサイエンスの分野で**研究不正**が頻繁に見られた。2005年12月、ソウル大学教授が *Science* 誌に発表していた人クローン胚の作製とその胚からの ES 細胞の樹立が、**ねつ造**したものであることが判明し、世界の科学界に大きな衝撃を与えた。

　日本においても、2005年9月に東京大学大学院工学系研究科の教員によるRNA に関する研究でデータねつ造が発覚するなど、研究不正の報告が相次いだ。東京大学大学院工学系研究科の不正に対応した教授によると、工学部の教授たちは機械や電気を扱うことには通じているが、今回は血液など生物試料という慣れていないものの研究が対象で、調査をするのがたいへんだったそうだ。ライフサイエンスの研究は、従来の枠を超えて行われていたのだ。

日本学術会議の対応──科学者の行動規範の策定

　学界を代表する会員から成立している**日本学術会議**は、長期にわたって科学における研究不正の対応についても検討してきた。そして、2000年代初頭の頻発する研究不正に対して、同会議の会員は強い危機感を有するようになった。国民からの信頼と支持があるからこそ、学術研究が進められるという認識を共有していたからだ。

　私は2005年7月から2007年1月まで日本学術会議事務局に出向していて、研究不正への対応にも関わった。こうした状況を憂えた東京大学教授の浅島誠副会長は、研究不正をしないという「すべからず集」ではなくて、科学者がどのように行動するべきなのかを示すために「科学者の行動規範」を作ることを提案した。

　こうしたことから、「**科学者の行動規範に関する検討委員会**」が設置され、浅島副会長が委員長となった。日本学術会議の210人の会員だけで決めるので

はなくて、全国の大学、研究機関、学会等合わせて 2800 以上の機関に原案を郵送して意見を求めた。浅島副会長は、今に至るまでも研究不正への対応に関わり続けている。このような関係者の努力の末、2006 年 10 月に**「科学者の行動規範」**ができあがった。

科学者の行動規範の改訂

その後、データのねつ造や論文盗用といった研究活動における不正行為が発生したことや、東日本大震災を契機として**科学者の責任問題**がクローズアップされたこと、いわゆる民生利用と軍事利用の**デュアルユース問題**（両義性の問題）について議論が行われたことから、科学者の行動規範は改訂された[*1]。

「改訂版」には、社会的期待に応える研究、科学研究の利用の両義性、公正な研究、社会のなかの科学、法令の遵守に関する記述が加えられた。とくに両義性の部分については、「科学者は、自らの研究成果が、科学者自身の意図に反して、破壊的行為に悪用される可能性もあることを認識し、研究の実施にあたっては、社会に許容される適切な手段と方法を選択する」とされている。

文部科学省のガイドライン

文部科学省が 2014 年 8 月に策定した**「研究活動における不正行為への対応等に関するガイドライン」**[*2] では、数種の研究不正があるなかで、「故意又は研究者としてわきまえるべき基本的な注意義務を著しく怠ったことによる、投稿論文など発表された研究成果のなかに示されたデータや調査結果等の**捏造、改ざん及び盗用**」を**特定不正行為**とし、各種の手続き等を詳細に定めている。

研究不正の社会への影響

研究不正が行われることで、研究への社会からの信頼が失われるだけでなく、場合によっては国民の安全や健康に影響を及ぼすこともある。

研究不正が書かれた論文だけの問題なら研究者内での議論で終わり、社会への実質的な影響は小さいかもしれない。しかし、医学研究においてデータのねつ造が行われ、その研究が治療のガイドラインなどに反映されると患者の健康に影響が及ぶことなり、ひいては人々の幸せに反することになるだろう。この具体例の一つが**ディオバンの臨床研究不正事件**である。

164 第Ⅳ部　新たな科学技術と私たちの社会

　この事件は、製薬会社ノバルティス社が発売する高血圧治療薬ディオバンの有効性を検証した5つの大規模臨床試験において論文不正が明らかになるとともに、同社の社員が統計解析などに深く関与していた事件である[*3]。

　このようなことが見過ごされてよいわけはない。また、大学や公的研究機関において行われるライフサイエンス研究の資金の原資は税金であることが多い。研究不正により国民からの信頼を失えば、ライフサイエンスに対する予算配分への支持もなくしてしまうだろう。

10.1.2　新たなタイプの研究不正——査読に関する不正

ピアレビューに関する不正

　研究成果である論文が学術雑誌に掲載されるためには、掲載するに値する論文であるかを専門の研究者（ピア）に査読（レビュー）してもらう必要がある。これをピアレビューという。ピアレビューをする査読者と論文を投稿した研究者との間で直接やり取りすることは、評価の公正性が保てないので不適切であると考えられていた。

　ところが、医学分野の学術雑誌に掲載された論文に関して、両者の間で直接のコミュニケーションがあったことが発覚した。上述した**特定不正行為**と言われる研究不正の3類型「**ねつ造、改ざん及び盗用**」とは異なるものであった。

日本学術会議での検討

　このような新たなタイプの研究不正への対応について、文部科学省から日本学術会議に審議の依頼があった。日本学術会議は、この審議依頼に答えた「回答: 論文の査読に関する審議について」を2023年9月に公表した[*4]。この回答では、査読の実態、必要性、問題点について深く掘り下げて調査や検討が行われている。しかしながら、この回答にある次の指摘は大いに疑問だ。

　文部科学大臣決定『研究活動における不正行為への対応等に関するガイドライン』（平成26年（2014年）8月26日）では、特定不正行為（捏造、改ざん、盗用）以外の不適切な行為が生じた場合に、大学・研究機関や研究費配分機関の取るべき対応について記載がない。制定から9年が経過して

> いること、論文の査読における不適切な行為を含む、特定不正行為以外の不正行為が広がりを見せていることから、改訂あるいは内容の追加について検討すべき時期に来ている。

　なぜなら、文部科学省に対応を委ねてしまっているからだ。日本学術会議の研究の公正さへの姿勢は、上述した2005年の頃とはかなり変わってしまったようだ。研究の方法や内容に関することなので、行政をはじめ外部から指摘される前に、科学者を代表する組織として検討し、対応案まで示して、文部科学省等に提案したほうがよいと思う。自らを律してこそ、学問の自由や大学の自治が生きてくるのではなかろうか。

科学者の行動規範の改訂をするべきでは

　「科学者の行動規範 改訂版」においては、研究不正への取り組みについて、「研究・調査データの記録保存や厳正な取扱いを徹底し、ねつ造、改ざん、盗用などの不正行為を為さず、また加担しない」と書かれている。日本学術会議は、査読に関する不正といった新たな対応が必要な研究不正への対応を加えるなど、「科学者の行動規範」の改定を検討することが必要ではないだろうか。

　もちろん、研究不正に関しては、日本学術会議だけで解決できるものではない。研究者コミュニティに加えて、大学や研究機関、文部科学省をはじめとした行政機関、そして日本学術振興会、科学技術振興機構、日本医療研究開発機構等の研究費配分機関とも緊密に協力することが必要である。

公正な研究を次世代へ

　類型としてまとめられた研究不正以外にも、「科学研究をゆがめ、予算が無駄使いされる行為は多々あり、その数は研究不正を凌駕しています。研究不正ばかりに注目が集まるあまり、こうした『不適正』かつ『有害』な行為には関心が集まらず、研究不正さえしなければ問題ないだろうといわんばかりの研究者さえいるような状態です」との指摘もある[*5]。ただ、「すべからず集」のような「してはいけないリスト」を作って、違反していないか常にびくびくしていては楽しく研究することはできないだろう。研究には正しい方法がある。それを教育し、次世代に継承していくことも重要である。

166 第IV部 新たな科学技術と私たちの社会

10.2 地政学的状況の変化が研究インテグリティに反映

10.2.1 経済安全保障とライフサイエンス

経済安全保障

日本学術会議による「科学者の行動規範 改訂版」には、**デュアルユース問題**が反映されている。研究を正しく行う姿勢を示す科学者の行動規範にも、科学技術をどのように活用するのかという問題の影響が及んでいる。この「研究を正しく行う」ということが、英語でいう Research Integrity（**研究インテグリティ**）にほぼ重なる。そして、このような問題が生じるのは地政学的な変化に端を発している。

経済安全保障という言葉が、2020 年前後から政府の科学技術・イノベーション政策関係の文書にも掲載されるようになった。日本の科学技術政策において明示的に意識されるようになったのは、米国の NSF（National Science Foundation）が公表した「**Fundamental Research Security**」（**Jason Report**）という報告書[*6]が紹介された 2019 年の年末から 2020 年の初め頃である。

Jason Report

私はある政治学者から、米国の科学技術と安全保障との関係について話を伺った際に、この報告書のことを教えていただいた。NSF 等も大きな関心を有しているので、日本も対応を考えたほうがよいというアドバイスを受けた。また、2020 年 1 月に内閣府の科学技術・イノベーション政策担当の審議官と話をした際、年末年始の休みにこの報告書を読んだと彼が言っていたのを覚えている。

この報告書は、近年、米国において科学技術の情報が海外に流出するなど、いくつかの事件が起き、米国の科学がオープンであることが外国に利用されているという懸念が出てきたことから、研究費の配分を行うファンディング・エージェンシーである NSF が、「Jason」という科学者グループに調査を依頼したものである。2019 年 12 月にとりまとめられ、「**Jason Report**」とよばれている。

この報告書では、科学の進展には外国人研究者の能力が重要であること、基礎研究へのアクセスを規制することは科学に大きな悪影響があることを指摘するなど、基礎研究がオープンであることを重視している。それと同時に、外国の影響による研究インテグリティの侵害（中国からの侵害が最大であることを例示）に対しては、科学者に研究費をどの機関から得ているかを申告してもらい、利益相反の管理で対応することを提案している。また、そのような開示のための透明性の向上と条件の明確化などの措置を早急にとるべきと提言している。

経済安全保障の問題が、研究インテグリティとして扱われるようになったのだ。おそらく、米国のアカデミアもいろいろ考えた末に研究インテグリティの問題として扱うことが適当だと考えたのだろう。

日本政府の対応

日本政府は Jason Report をはじめとした米国等の動向を参考にして、研究の国際化やオープン化に伴う新たなリスクに対応するため、2021 年 4 月に統合イノベーション戦略推進会議がアクションプランともいうべき文書をとりまとめた[7]。その内容としては、

- **研究者**による適切な情報開示に関する取り組み
- **所属機関**における対応に関する取り組み
- **研究資金配分機関等**における対応に関する取り組み

と、関係の深い三者の役割を明示している。また、同時に、「政府は、大学、研究機関、民間企業等とも対話を継続的に行うとともに、大学、研究機関、民間企業等や研究費制度の特性・規模や実態等もふまえながら、効率的かつ実効性の高いものとすること。その際、関係者の負担に配慮するとともに、我が国としての研究環境の向上に向けて取り組むこと」と、関係者に委ねてしまうのではなく、継続した対話を行うとしている。

168 第IV部 新たな科学技術と私たちの社会

10.2.2 科学技術情報の管理

従来の科学技術情報の管理

機微な技術情報の管理は、原子力や宇宙に関する行政に携わった者にとっては、冷戦時代から常に配慮しなければならないことだったので、なじみのあることがらだ。原子力や宇宙に関する技術は核爆弾やミサイルなど軍事技術につながり、まさに**デュアルユース**で、国際条約や国内法令等で規制されてきた。

原子力や宇宙だけでなく、昨今研究開発が急速に進み、注目を浴びている AI、量子、ドローン、半導体、ライフサイエンスなどの技術は、軍事技術にも結びつきやすいと同時に、一般の人々の日常生活にも使われるものであることから、その管理には難しさがともなう。軍事技術並みに厳しく管理すれば、日常生活には使えず、管理を緩くすればライバルの企業どころか、他の国の兵器に利用されるかもしれない。

例えば、日本の半導体技術がどのように流出していったかについては、公開されている特許情報を詳細に分析することにより、半導体の技術者と技術が日本の半導体メーカーから韓国や中国のメーカーに移っていったことを示した実証的研究がある[8]。公開情報を分析することによって、技術がどのように移転されるかを示した優れた研究で、従来の経済保障の政策では技術情報の管理ができなかったことがわかる。

科学技術情報の新たな管理方策

経済産業省が 2024 年 5 月に公表した「**経済安全保障に関する産業・技術基盤強化アクションプラン 改訂版**」では、新たな技術管理として、「産業防衛策の柱となる『技術管理』は、本来産業界の利益を守るもの。破壊的な技術革新のなかで、これまでの安全保障貿易管理の『国が規制し、民が規制される』という認識から脱却して、対話を通じて官民連携によって双方で技術管理に取り組む、新しいアプローチを構築することが必要」として、**対話重視**をうたっている。

このアクションプランでは、「コンピューティング、クリーンテック、バイオテック、防衛等の分野は、将来にわたる我が国の経済安全保障上の産業・技術基盤として不可欠。それぞれの分野で特に重要なサプライチェーンに注目し、

その維持・発展に政策資源を集中的に投入する」とされており、バイオテクノロジーを経済安全保障上の不可欠な産業・技術基盤として位置づけている。

そして、バイオテクノジーについては、次のように指摘している。

> バイオ分野は破壊的技術革新が進み、食料安全保障やエネルギー安全保障にも貢献することが予想されるが、同時に、バイオテロ利用のようなリスクも存在しており、わが国の安全を確保するための政策を検討する必要がある。また、ヘルスケア分野は我が国の健康安全保障に関わるため、特に対外依存の領域においては、安定供給確保を図るなどの対策を講じる必要がある。

なお、ここでいうバイオテクノロジーは、本書で扱うライフサイエンスも含まれているが、より広く、食料やバイオエネルギーまでも含んだ概念だ。

日本は創薬が可能な数少ない国ではあるが、新型コロナウイルス感染症のパンデミックの際に海外のワクチンの輸入に頼らざるを得なかった。また、抗生物質や抗がん剤も輸入が多い。そのため、バイオテクノロジーがこのように経済安全保障において重点分野として取り上げられていると思われる。そして、その情報の管理が必要になるということだ。

研究の推進と技術情報の管理のバランス

日本の政府においては「経済安全保障法制に関する有識者会議」が設置されており、2024年6月には、この有識者会議から「経済安全保障上の重要技術に関する技術流出防止策についての提言～国が支援を行う研究開発プログラムにおける対応～」が公表された[*9]。

この提言は、「技術は我が国の自律性・不可欠性の重要な一部を構成するものであり、我が国の科学技術力の向上のためにも、オープンで自由な研究環境を確保し、国際協力をよりいっそう推進する必要がある」と指摘するとともに、「一方で、研究活動の国際化、オープン化に伴う研究の不正流用や技術流出のリスクも指摘されており、こういったリスクへの対処は経済安全保障上の喫緊の課題となっている」と指摘しており、研究の推進と技術の管理のバランスに配慮したものとなっている。

170　第Ⅳ部　新たな科学技術と私たちの社会

現場における科学技術情報の管理

　政策レベルではこのような議論がなされ、方向性も示されている。実際の研究現場はどのような状況なのだろうか。

　科学技術行政やアカデミアの立場から見れば、技術情報の適切な管理の重要性と必要性は理解できるが、それを適切に実施する方法が課題になる。国際的に開かれた研究協力は、科学技術の進展に大きく貢献しており、国際共著論文の引用数は高い傾向にある。したがって、情報を出さなければリスクはゼロになるかもしれないが、外からも情報が入らなくなり、研究の発展が妨げられる。バランスの取れた管理が必要である。

　そのためには、大学や研究機関における体制の強化が必要になるだろうが、各々の大学や研究機関で専門家を揃えるのは負担が大きい。大学間で協力することも選択肢の一つである。また、すべての研究を安全保障の観点から審査することは量的にも不可能であるし、そもそも学問や研究の自由にも関わる問題であるから、管理の対象を特定することが必要だ。また、留学生や外国人研究者について、応募書類に書いてもらうことはできても、それが正しいかどうか、要注意人物かどうかなどの確認は大学などの研究機関では不可能であり、関係府省の協力が必要である。

　Nature, Science, Cell などの一流誌とよばれる学術誌に掲載される米国発の論文の著者を見ると、中国人科学者であると思われることが多い。中国から米国への留学生の数は多く、中国人の研究者なしに米国の科学は進まないように見える。科学技術・学術政策研究所の調査結果によると[10]、米国の中国との国際共著論文のシェアは 21 世紀において一貫して増えてきたが、2019 年以降減少傾向にある。ただし、2019 年から 2021 年の最新のデータにおいても米国の国際共著論文の相手国は中国が 1 位である。日本については、中国との国際共著論文のシェアは 21 世紀において増加していたが、近年伸びが鈍化している。

■考えてみよう

☞研究の不正の防止、調査、処罰は誰が行うべきか。

☞研究の振興と科学技術情報の管理とのバランスをどのように取ったらよいのだろうか。

STAP細胞問題の衝撃と悲しみ

若い研究者によるSTAP細胞（Stimulus-Triggered Acquisition of Pluripotency Cell）作製の発表は大きな注目を浴びた。最初はすばらしい研究成果だともち上げられたが、最後には、再現性がなく、典型的な研究不正であるねつ造とされた。私にとって最大の衝撃は、笹井芳樹先生が亡くなったことだった。

2014年1月23日、理化学研究所発生・再生総合科学センター（CDB）副センター長であった笹井芳樹先生が内閣官房健康・医療戦略室次長を務めていた私を神戸から訪ねてきた。大事な発表の前に、実際の研究をした研究者と一緒に説明をしたいというものだった。笹井先生は、重要な研究を論文発表するときには説明をしに来てくれることは以前にもあった。いつもと違うのは、理研の旧知の課長以外に見知らぬ若い女性が一緒だったことだ。小保方晴子氏だった。

STAP細胞の研究の全体については笹井先生が説明していた。細胞に刺激を与えることで初期化をするということで、常識では考えられないたいへんな発見だということがわかった。ガラス管を通して小さな細胞を分離させていたのだが、分離させた後に小さな細胞が増えているのではないか、ということが発端だったとのことだ。刺激を与えると細胞の性質が変化するらしい。今回の発表は酸の刺激で分化した細胞が初期化して、多能性を有するという内容だった。

私が、刺激にはいろいろあると思うが、なぜ酸の刺激なのかと聞いたところ、よくぞ聞いてくれたとばかりに、ここに至るにはたいへんな苦労があった、いろいろな刺激を試みたということを小保方氏が答えた。また、刺激による初期化ということは、がんの研究にも関係するのではと質問したところ、小保方氏は、そのとおり、例えば逆流性食道炎からのがん化なども研究の対象となるだろう、としっかりと答えていた。才能豊かな若い研究者なのだろうとそのとき私は思った。

しかし、その後の経過は、報道され、また、報告書も公表されたとおりだ。私も数人の記者から取材を受けた。なかでもある新聞の記者から取材を受け、1時間以上説明をしたのだが、記事になったのは、小保方氏がピンク色のコートを着ていたということだけだったこともあった。テレビ、新聞、インターネットなどで政界や芸能界のスキャンダルのように取り上げられた。ふだんはテレビ番組などには登場しないような研究者たちも出演して、ここで叩けというように批判していた。まずはアカデミアのなかで議論するべきだろうと思った。

その後、この問題を追求する報道をしていた記者が当時の経緯をまとめた書籍が出版され、日本科学技術ジャーナリスト会議による科学ジャーナリスト賞を受賞したのには驚いた。科学者を追い込み、命をなくすような事態になったことに報道が無関係とは思えないが、そのことへ言及はなかった。

笹井芳樹先生は2014年8月5日に自ら命を絶ってしまった。彼の明解で自信に満ちた科学の話を永遠に聞けなくなってしまった。研究に人生をかけてきた科

学者だが、STAP細胞は命をかけるようなものではなかった。笹井先生が生きていれば世界の発生学や幹細胞学、脳科学などの基礎研究から再生医療までもっと進んでいたにちがいない。ある企業の方とお話をしたら、笹井先生は戦略的に特許出願をしていたとのことで、産業化ももっと進んでいただろう。私自身も早い時期に話を聞いていたのに力になれなかった。このような悲劇を繰り返してはならない。

笹井先生との交流が始まったのは、私が生命倫理・安全対策室長となった2001年1月からだ。私はヒトES細胞研究のルール作りを担当していて、笹井先生は幹細胞の科学を教えてくれた。報道機関や生命倫理安全調査会からはたくさんの厳しい意見をいただくなかで、笹井先生の支えは心強かった。

当時京都大学医学部教授で、36歳で教授になった俊才とはいえ、彼の京都大学の研究室は古い建物のなかにあり、訪問した私は研究環境の悪いことに驚いた。その後、神戸に作られた理化学研究所発生・再生研究センター（CDB）に移った。真新しい研究室を訪問した際、笹井先生が、自ら設計し実験ベンチとの距離まで決めたといって、細部までこだわったとうれしそうに説明してくれたことを思い出す。彼は本当に科学を愛していた。

11章　新しい科学技術にどう取り組むか
―― ライフサイエンスの政策的方向性

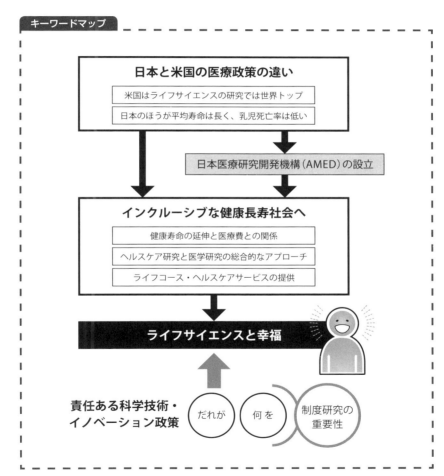

日米では医療政策が大きく異なるが、日本はどのようにしてインクルーシブな健康長寿社会を実現できるだろうか。また、日進月歩のライフサイエンスを私たちの幸福のためにどのように活用したらよいのだろうか。

174 第Ⅳ部 新たな科学技術と私たちの社会

11.1
医療政策と産学連携の現状と課題──日米を比較して

11.1.1 米国と日本の医療政策の違い

世界トップの米国のライフサイエンス研究

日本の医学研究者や報道機関は、米国の NIH（National Institutes of Health: 米国国立衛生研究所）の 2022 年度で約 450 億ドル（1 ドル 140 円として、6 兆 3 千億円）という多額の予算を称賛する。NIH は、がん、ヒトゲノム、感染症等をそれぞれ専門に研究する世界トップレベルの 27 の研究所をもつという**研究所機能**と、全米の優れた生命科学や医学の研究者に研究費を配分する**研究費配分機関（ファンディング・エージェンシー）**としての機能を有している。

また、米国ではノーベル生理学・医学賞の 2022 年までの受賞者が 108 人とトップであるなど、基礎研究から臨床研究まで最先端のたいへんすばらしいライフサイエンス研究が数多く行われている。

京都大学の広井良典教授は米国の**医療政策**について、「医療分野において政府が果たすべきは、アメリカにおいて最高の医学を実現していくことであり、したがって医学・生命科学研究に対する公的支援や投資は積極的に進めるが、その成果を（医療保険等を通じて）受けられるかどうかは個人の自助ないし経済力に委ねられている」という考え方で進められており、日本の政策とほとんど真逆であることを指摘している[*1]。

平均寿命と乳児死亡率の日米比較

医療政策の一つのアウトカム（成果指標）ともいえる**平均寿命**を見てみると、米国では男性 76.3 歳、女性 80.7 歳である。また、NIH は、健康向上への貢献として、1970 年と 2020 年の間に米国人の平均寿命が 6 年伸び、70.2 歳から 77.0 歳になったとしている[*2]。また、2022 年の乳児死亡率（1 歳未満の千人あたりの年間死亡率）は 5.4 である。

これに対して、日本の平均寿命は、男性 81.6 歳、女性 87.7 歳、乳児死亡率は 1.8 であり、平均寿命の長さも乳児死亡率の低さも世界トップレベルである

11 章　新しい科学技術にどう取り組むか　*175*

表 11-1　平均寿命と乳児死亡率の日米比較

	男性（歳）	女性（歳）	乳児死亡率
日本	81.6（2020 年）	87.7（2020 年）	1.8（2022 年）
米国	76.3（2019 年）	80.7（2019 年）	5.4（2022 年）

（表 11-1）。

　英国の人口学者は、米国の乳児死亡率は、発展途上国よりもずっと低いものの、飛びぬけて裕福なうえに医学研究の国際的進歩の中心にいる国としては、残念ながら限界を迎えていると言わざるをえないと指摘している[*3]。

　日本は、医学研究に巨額の投資がなされていないにもかかわらず、米国よりも長寿で健康的な社会を実現しているというのが現実だ。米国の医療政策は、世界最先端の医学研究を人々に幸福をもたらすために適切に活用できていないと言える。これを見ると、日本のライフサイエンス政策は、米国をモデルとするのではなく、別の形をめざすべきということになるであろう。

11.1.2　日本医療研究開発機構（AMED）の設立とその役割

日本版 NIH？

　日本における医学分野の研究費配分機関である**日本医療研究開発機構**（**AMED**: Japan Agency for Medical Research and Development）は、2015 年に創設された。当初、2013 年 6 月に公表された日本再興戦略には「日本版 NIH の創設」と書かれていた。日本版 NIH という単語を見て私は驚いた。上述した日米の違いを知らない官僚が NIH のコピーを作ればよいと思ったのではないかと想像した。

　日本版 NIH を提唱していた経済産業省の官僚の説明を聞いたことがあるが、彼は NIH を国営の製薬企業ととらえていた。さらには、最先端の医学の基礎研究を進めてきたゲノム研究所、がん研究所、感染症研究所など、NIH を構成する研究所の活動も把握していないようだった。そのようなことを知らない官僚が自信をもって説明をしていることが不思議だった。

日本医療研究開発機構の設立作業と経営に参加

その後、私は内閣官房健康・医療戦略室の次長として AMED の設立に関わる法律案の作成、国会答弁、人材集めなどの一連の設立作業に参加した。そして、設立後は AMED に出向し、経営に加わった。

AMED は法的には行政府の外に作られた**研究開発法人**で、独立行政法人の一種だ。新たに独立行政法人を設立することは、数十年なかったことなので、どのように作ったらよいのかのノウハウがなく、厚生労働省と文部科学省の担当者はとても苦労した。

私は AMED の設立や立ち上げ、その後の経営に深く関わったのだが、本書のなかでも触れてきたそれまでの知識、経験や人脈が役立った。

AMED 設立の考え方

AMED の設立以前は、医療に関する研究開発経費のうち、大学や独立行政法人の研究者、あるいは企業を募集して配分する予算は、文部科学省、厚生労働省及び経済産業省に分かれていた。こうした「縦割り」の状態を改め、より総合的、効率的に研究開発が進められるように、AMED という一つの法人に集約したのである（**図 11-1**）。

これを机上の空論ではなく実現させるためには、研究の進め方に通じているだけでなく、出口の医療の姿もわかり、産業界の事情を理解している者が必要だ。各省にも、あるいは大学や産業界でもそのような人材は限られている。

先述したように文部科学省以外の府省にとって、研究開発の政策的な優先順位は高くない。他方で、文部科学省は医療制度については素人だ。それでも大きな失敗を起こさなかったのは、制度を作った当時の内閣官房健康・医療戦略室でも、また、AMED でも、異なる背景をもつ者が学び合い、知恵を絞ったためだと思う。2015 年 3 月 31 日までは各省それぞれの予算で行っていた事業を、次の日の 4 月 1 日からは新しく設立し、初対面の職員が多かった AMED という組織で実行することができて、ほっとした。

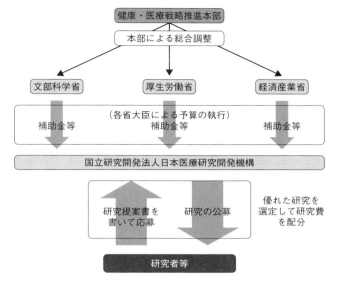

図 11-1　日本医療研究開発機構のしくみ（発足時）

11.1.3　医薬品の産学連携事情

日本のアカデミア発の医薬品

現代における新薬の多くは、アカデミアで研究されている成果がシーズとなっているものが多いのが世界的な傾向である。日本においても先端的な科学技術を活用した新薬の開発に関し、アカデミアが貢献していることがしばしば見られる。

表 11-2 にアカデミア発の医薬品の例をまとめた。例えば、2018 年にノーベル生理学・医学賞を受賞された本庶佑 京都大学教授が発見した PD-1 抗体の研究は、小野薬品とブリストルマイヤーズ・スクイブ社が開発した**オプジーボ**につながった。

また、2015 年にノーベル生理学・医学賞を受賞された大村智 北里大学教授が研究した土壌中の微生物が産出する物質をもとにして、メルク社が**イベルメクチン**という抗寄生虫薬を開発した。

このほかにも、中外製薬が開発した自己免疫疾患の治療薬**アクテムラ**は大阪

178 第Ⅳ部 新たな科学技術と私たちの社会

表11-2 アカデミア発医薬品の例

医薬品名	研究者	対象疾患	モダリティ	企業
オプジーボ	本庶佑 京都大学教授	がん	抗体医薬	ブリストル・マイヤーズ・スクイブ、小野薬品
イベルメクチン	大村智 北里大学教授	寄生虫	低分子薬	メルク
アクテムラ	岸本忠三 大阪大学教授	自己免疫疾患	抗体医薬	中外製薬
ポテリジオ	上田龍三 名古屋市立大学教授	がん	抗体医薬	協和・キリン
ザーコリ	間野博行 東京大学教授	がん	分子標的薬	ファイザー
メキニスト	酒井敏行 京都府立医科大学教授	がん	分子標的薬	グラクソ・スミスクライン

大学の岸本忠三教授の、協和発酵キリンが開発した成人Ｔ細胞白血病リンパ腫の治療薬である**ポテリジオ**は名古屋市立大学の上田龍三教授の、ファイザーが開発した肺がんの分子標的薬である**クリゾチニブ**は東京大学の間野博行教授の、メラノーマの分子標的薬である**メキニスト**は京都府立医科大学の酒井敏行教授の、それぞれ基礎研究の成果をもととしている。このように、我が国のアカデミアの最先端の基礎研究の成果が医薬品となっている事例が出てきていた。とはいえ、アカデミアと産業界との関係は緊密とはいえなかった。

研究成果への関心の違い

日本の大学の研究成果であるからといって、必ずしも日本の大手製薬企業が実用化しているとは限らない。内外を問わず製薬企業は、世界中のアカデミアの優れた研究成果を求めている。日本企業の方たちと話をすると、研究はボーダレスであり、グローバルな観点からアカデミアの**シーズ**を探していて、日本のアカデミアだけが協力の相手ではないと言われる。また、アカデミアによる研究成果の再現性が足りないという声や、薬作りは自分たちに任せて大学は魅力的なシーズを出してほしいという声、大学病院は医薬品という製品の顧客でもあり研究におけるフラットな関係が築きにくいとの声も聞こえてきた。

メガファーマと言われる海外の製薬企業の研究開発責任者の方たちと話をすると、日本のアカデミアには基礎研究のすばらしい成果があると指摘された。ある大手の日本の製薬企業の研究開発部門から地方の国立大学の産学連携部門に移った方は、自分が現役時代にはこの大学まで来なかったが、海外の製薬企業はシーズを探しに訪ねてくるので驚いたと言っていた。論文数や被引用論文

数などの指標を見ると日本の研究力は落ちてきているが、まだまだすばらしい研究が行われている。

アカデミアからは、日本の企業は新しい技術やモダリティに関心を示さないという声や、企業に協力を求めると治験のフェーズ2のデータを求められたという声が聞こえてきた。確かに、ヒトiPS細胞の作製が発表された際、経済産業省が企業に声をかけて集めてくれたのだが、何の役に立つのかなどの質問や、政府が知財を確保してほしいといった要望ばかりで、活用に積極的な声が聞こえてこなかった。ところが米国のベンチャーキャピタルからは強い関心が示されていた。

実効的な産学連携の構築と克服するべきポイント

日本におけるアカデミアの優れた成果をいかに産業界につなぎ、実用化するかは従来から大きな課題であり、これをシステマティックに進めることがAMEDのめざすことの一つである。同時に、基礎研究を強化し、新しいシーズの創出を支援することも必要とされた。

そのため、各省の予算をAMEDに集めて総合的に研究開発を推進することになっているが、各省の縦割りが残ってしまい研究開発を順調に進められない、研究開発を断片的に見ている、スタートアップ企業への支援が足りない、などの指摘も受けているようだ。そうした課題を克服し、各省の政策と予算を活用して、切れ目ない研究開発を進め、イノベーションを実現させ、いち早く患者や国民にその成果を届けられるように連携を強化することが求められている。

180 　第Ⅳ部　新たな科学技術と私たちの社会

11.2 健康長寿社会と私たちの幸福へのライフサイエンスの寄与

11.2.1　インクルーシブな健康長寿社会に向けて

生活の質を保って暮らせる社会

　生命科学や医学などライフサイエンスへの研究費が少ない、創薬力はあるがトップクラスではない、人口千人当たりの医師数は 2019 年の OECD 統計によると 2.4 人で欧州諸国に比べて少ない、という事情にもかかわらず、日本は**長寿社会**を実現している。

　長寿の実現の次は**健康寿命**の延伸が課題であるのは「第 7 章 老化研究と寿命の延長」でも述べたとおりだ。平均寿命と健康寿命の差は約 10 年間あり、人生最後の 10 年間は活動が不自由になるということが統計的に示されている。そして、健康寿命を伸ばすといっても、健康でない人を排除するわけでもないし、人々に健康を義務づけようとするわけでもない。健康を損なった場合でも、「生活の質」を保って暮らせる社会、すなわち、さまざまな背景をもつすべての人々が排除されない「**インクルーシブ**」（包摂的）な**健康長寿社会**を実現することが重要である。

健康寿命の延伸と医療費との関係

　医療経済学的に見ると、健康である期間が長くなるからといって、国全体の医療費や介護費が減少するわけでもないようだ。厚生労働省に設置され、専門家で構成された「健康寿命の延伸の効果に係る研究班」のたいへん興味深い議論が公開されている[4]。

　それによると、**医療費**については、「短期的な費用増加抑制の可能性が指摘される一方で、生涯の医療費については、健康寿命が伸びた場合には寿命も伸び疾病にかかるタイミングを先送りしているとの考え方から、あまり変わらない又は増加する可能性が高いとする考え方と、仮に寿命の伸びを上回る健康寿命の伸びが実現された場合には、生涯医療費も抑制され得る」とのことで、複数の考え方があり、条件によっても結論が変わるようだ。

また、**介護費**については、医療費と同様の議論があり得るが、社会的アプローチの有効性を示す研究が報告されている。医療と介護の性質の違い（医療が健康な間も費用がかかり得るのに対し、介護は要介護状態にならなければ費用がかからないなど）もあり、医療費に比べると、より効果が期待できるのではないかとの考え方が示された。

もともと健康寿命の延伸は、人々の生活の質を保ち、上げることが目的であり、医療費や介護費を下げるためにめざすものではないという指摘もあるだろう。また、健康である期間が長ければ、経済活動を継続し、税金や保険料を支払う期間も長くなるだろう。健康寿命の目的が費用を下げることではないとはいえ、経済的な影響や効果を考えなくてもよいわけではない。今後さらに研究をすることが期待される領域だ。

健常人を対象としたヘルスケア研究

病気の原因を探り、診断し、治療するという医学研究だけでは、健康長寿の道はひらけない。医学研究の対象は多くの場合、病気になった患者であり、**健常人**は比較対照群として扱われることが多い。病気ではない健常人は医学研究の対象とはなりにくい。

健康の維持や増進の研究のためには、健常人を対象として、栄養、睡眠、運動などの生活習慣、食べたものの代謝を解明するメタボローム、生来のゲノムなどのデータを集めて**ビッグデータ**とし、これらを近年のデータサイエンスを駆使して解析することが求められることになるだろう。

コホート研究では、参加者のゲノム解析だけでなく、血液検査データや生活習慣情報なども収集している。東北メディカル・メガバンクでは、子ども・親・祖父母 3 世代の参加者の情報も収集されており、**遺伝的要因と環境的要因**の関係が今後明らかになっていくことが期待される。特に、第 7 章で紹介した**ライフコース・ヘルスケア**のアプローチはますます重要になるだろう。

ヘルスケア研究とライフサイエンス研究の総合的なアプローチ

これまで進めてきたライフサイエンス研究の内容とこれからのヘルスケア研究の内容は別のものではなくて、連続的なものであると考えられる。

ライフサイエンス研究では、大まかには生体や疾患のメカニズムを分子レベ

ルで解明すること、そして、ゲノム、プロテオーム（すべてのタンパク質）、メタボローム（すべての代謝物）などの**オミックスデータ**というビッグデータを解析することで、疾患を診断し、コントロールし、治療することをめざし、成果として、治療が困難な疾患の患者に対して医療を提供しようとするものだ。

　ヘルスケア研究は、食事、睡眠、運動等を分子レベルで解明することと、オミックスデータを含む健康に関するビッグデータを解析することを通じて、健康の維持・増進法の確立をめざすというものだ。ライフサイエンス研究とヘルスケア研究が手を携えることは可能だ。第7章で示した「ライフコースを通じたライフサイエンス研究」を入れる総合的なアプローチが可能となるだろう。

　また、脳、腸、肝臓などさまざまな臓器が、神経、ホルモン、あるいはマイクロバイオームといわれる細菌叢などを通じて影響し合い健康状態を維持しているということも明らかになりつつある。分子生物学や生化学のような分子レベルの研究と、栄養学、人類学、運動生理学、心理学、社会学などの研究が加わることで、健康、行動、病気などの理解が進むであろう。

ライフコース・ヘルスケアサービスの提供

　これらの研究の成果はどのように人々にもたらされるのだろうか。長寿社会において、人々は健康に強い関心をもっており、自らの健康の維持や向上につながるようなサービスに投資することは厭わない人も多いだろう。研究でわかるのは、多数の参加者から統計的に導かれる平均値や代表値であって、「あなた」や「わたし」というある**特定個人の健康**に役立つとは限らない。将来的には、「あなた」の食事、代謝能力、睡眠、運動、遺伝子などを計測し、「あなた」に合った食事指導、運動指導などのヘルスケアサービスを提供することが可能になるだろう[5]。

　少子高齢社会の先頭を走る日本で創り出した**ライフコース・ヘルスケアサービスシステム**は、世界をリードできる知恵となるのではないか。特に、アジア諸国においても、近い将来、疾病構造が日本と同様に変化し、人口増加が収まれば、少子高齢社会を迎え、日本と同じ課題に直面することになる。また、日本が種々の分野で高齢者問題に関する対策を成功させることは大事で、近隣諸国に多くの示唆を与えることができると同時に、日本にとって大きなビジネスチャンスを生む可能性も秘めているという指摘もある[6]。

11.2.2　ライフサイエンスと幸福

「ライフサイエンスの進展への不安」と「幸福に寄与するライフサイエンス」

　ライフサイエンス研究は、私たちの生命や健康に関係するため、人々の関心は強いが、他方で不安視する向きもある。物理学者の池内了 名古屋大学名誉教授は、「遺伝子改変などバイオテクノロジーの発達は、人間の誕生から死に至るまでの全過程をコントロールすることを可能にしつつある。科学が人類の未来に何をもたらすのかについて、人々が抱く漠然たる恐れも大きくなっている。科学への不安感、不信感、漠然たる恐れ、それらがない交ぜになった気分が高まっている」[*7]と指摘する。

　本書では、第Ⅰ部から第Ⅲ部まで、個別の研究分野を取り上げ、その進捗状況や振興策とともに社会的な課題について検討をした。今まで何の病気なのかわからなかったり、治療法がなかったりした病気が、どのような病気なのかがわかり、その治療法が開発されることは、多くの患者にとって福音である。すなわち、私たちの幸福に寄与するライフサイエンスであると言えるだろう。

　しかし、第Ⅲ部で検討した、生殖補助医療、ブレイン・マシン・インターフェース、老化研究などは、治療を超えて、人々の能力向上や寿命の延長などに活用できるかもしれない。また、生命を操作しているように見えるかもしれない。人々の「希望」や「欲望」を制限なしにかなえるようなことに問題はないのだろうか。幸福を求めることは個人の権利であり、それを制限するためには、他の個人の幸福を妨げることになるなどの理由が必要になるだろう。

　ライフサイエンスと幸福との関係は大きなテーマである。以下いくつかの論考を紹介しよう。

米国の大統領生命倫理委員会での検討

　第8章で紹介した米国の大統領生命倫理委員会の報告書「治療を超えて（Beyond Therapy: Biotechnology and the Pursuit of Happiness）」は、まさに副題からわかるように、バイオテクノロジーと幸福の追求について論じている。そして、同報告書は、よりよい生活への私たちの欲望は健康ではとどまらず、バイオテクノロジーの可能性は治療に限らないと指摘する。そして、バイオテクノロジーがもたらす、身体と心の働きを変える力は、病人や苦しんでいる

人々だけでなく、若く見えること、パフォーマンスを向上させること、より幸せを感じること、より完璧になることを望むすべての人にとって魅力的であるとする。

そこでは、ヒトゲノム解析、ヒトES細胞、クローン技術等の飛躍的進展を牽引してきた米国の中枢である大統領の下で、バイオテクノロジーと幸福との関係を総合的に検討していたのである。米国は最高の医学研究を活かしていないと批判したが、ライフサイエンス研究でトップを走り続ける米国において、さまざまな角度から幅広く検討を進めていたことを示しており、すばらしいことだと思う。

当時、日本では、ヒトES細胞の作製の手続きや、クローン技術を使って作製する胚などの個別テーマだけを扱って検討をしており、私はまさにその当事者だった。

広井良典教授の幸福と科学についての論考

広井良典 京都大学教授は、幸福と科学との関係について三つの側面から論じている[8]。それは以下の点である。

①「幸福」や「ウェルビーイング」が科学的研究のテーマとなっていくこと
②「幸福」や「ウェルビーイング」に寄与するような科学や技術の開発というテーマ
③広い意味での科学的探究そのものが、人々にとっての「幸福」の源泉の一つになっていくという時代をこれから迎える点

ユヴァル・ノア・ハラリ博士の論考

「第6章 ブレイン・マシン・インターフェース」で紹介したイスラエルの歴史学者のハラリ博士は、著書『ホモ・デウス』で「幸福の権利」というセクションを設けて、ギリシア時代の哲学者のエピキュラスや英国の哲学者ジェレミー・ベンサム、ジョン・スチュアート・ミルなどを取り上げて論じている。同書は、私たちの期待や幸福は、経済、社会、政治の状況よりも、私たちの「生化学」で決まるとしている点で、本書の論点に関わってくる。

同書では、生化学的な幸福を得ようとして新しいスマートフォンや鎮痛剤やアイスクリームの香りを産み出すが、それだけでは十分ではないという。世界的な幸福を確かなものとするための21世紀のプロジェクトは、ホモ・サピエンスを再構築して、永続する快楽を享受することだとする[*9]。ハラリ博士は人類のエンハンスメント、あるいは改造を肯定的に考えているようだ。

ライフサイエンスの成果を享受する側の役割

ライフサイエンス分野の研究は急速に進んでいて、「第7章 老化研究と寿命の延長」で見たように寿命を大きく伸ばすことや、「第8章 エンハンスメント」で見たように治療を超えて体力や知力を強化することも視野に入っている。また、デュアルユースの問題は、民生用にも軍事用にも使うことができる科学技術の問題であった。

こうした問題の解決には、科学技術を使う側が考え、制度を設計する必要がある。ライフサイエンスは「幸福」に貢献することもあるが、そうでない場合もあるので、活用する人、社会、国家が考え、制度設計を行うことが必要だ。

また、広井教授が指摘した第一の側面である「幸福」をテーマとする研究も求められるだろう。この側面については、人文学・社会科学の出番になると考えられる。第III部で取り上げたテーマは、人間の「こうありたい」という欲望にも結びついていると思われる。欲望と幸福は近い関係にあるだろうが、同じ方向を向いているとは限らない。どのようにライフサイエンスを活用していくのかは、研究者側が決められるわけではない。他者の権利や社会の在り方と密接に結びついていることから、人文学・社会科学の側面からの検討が必要である。

186　第Ⅳ部　新たな科学技術と私たちの社会

11.3 責任ある科学技術・イノベーション政策

11.3.1　責任ある研究とイノベーション

誰が責任をもって協働や連携を進めるのか

　第1章のゲノム医療の社会的課題の項で、生命医科学の社会的課題を扱う**倫理的・法的・社会的課題**（ELSI: Ethical, Legal and Social Implications）の説明をした。本書の第Ⅰ部から第Ⅲ部で扱ったブレイン・マシン・インターフェースをはじめとするそれぞれの科学技術の発展や研究インテグリティの新たな展開により、その分野の研究者だけでなく、多様な関係者との協働や社会との連携が求められるようになった。ここで重要なのは、「協働」や「連携」における責任の所在である。

　このため、21世紀の初めころから欧州委員会（EC）の政策議論において、「**責任ある研究とイノベーション**（**RRI**: Responsible Research and Innovation）」という概念が出てきた。EC の報告書によると、2011年以来 EC が支援している責任ある研究とイノベーション（RRI）アプローチは、**研究とイノベーション**（**R&I**）のプロセス全体を通じて社会の関係者が協力し、R&I とその成果を社会の価値観、ニーズ、期待とよりよく一致させることを奨励しているとされる[10]。藤垣裕子東京大学教授によると、そのエッセンスは、「閉じられた集団を開き」、「相互討論をし」、「新しい制度に変えていく」ことである[11]。

ELSI と RRI

ELSI と RRI との違いについて、以下のような指摘がある[12]。

- ELSI がイノベーションの最後の段階で道徳的根拠をもって科学技術を抑制しがちであるのに対し、RRI は研究やイノベーションの早い段階で正と負の規範的課題を取り扱う。
- ELSI は研究やイノベーションの利点よりも否定的（かつ非意図的）な結果に着目している。だが RRI は正の面も取り上げ、イノベーションを

起こすことで社会的に望ましい結果を生むため、早くから産業界やNPO、研究機関、政策立案者などあらゆるアクターを巻き込んだ協働を進める。

患者・市民の参画

多様な関係者の参加や相互討論という観点からライフサイエンス研究を考えてみると、第9章でも触れたように、最近、**患者・市民参画**（PPI: Patient and Public Involvement）という活動が盛んになってきていることに注目する必要があるだろう。患者や市民は、ライフサイエンス研究の成果を享受する側でもある。

ヒトを対象とした研究を実施するにあたって、機関内倫理審査委員会による評価が行われるようになったのは第1章で紹介したとおりだ。この委員会に、研究者以外に一般の立場の人々や市民の参加が求められるようになった。

PPIは、さらに、研究の計画から評価に至るまで、市民や患者の積極的な参加を求めるものだ。

OECD の報告書

先進国による国際機関である**OECD**（経済協力開発機構）も新しい取り組みを提示している。筆者は2023年春から、OECDのなかの**CSTP**（Committee of Science and Technology Policy: 科学技術政策委員会）に出席しており、2024年1月からBureauという副議長職を務めている。

CSTPでは、先進国が共有する科学技術政策上の課題について検討されてきており、その一つとして、2024年に「Framework for Anticipatory Governance of Emerging Technologies」という報告書が公表された。日本語に訳せば、「新興技術の予見的ガバナンスのための枠組み」というものだ。

この報告書は、新興技術として、合成生物学、人工知能（AI）、先進的材料、神経技術、量子技術などを例に挙げ、技術の出現と進化に対応して、**イノベーション振興**と**リスク管理**という**ガバナンス力**を強化することを目的としている。「**予見的ガバナンス**」は、確立した技術のリスクを管理するのではなく、新しい技術が出現してきたところで先回りしてガバナンスを検討しようとする考え方だ。すなわち、本書で取り上げたようなライフサイエンス分野の新しい技術に対して、どんどん進める、あるいは、リスクがわからないから止めてしまう、

188　第IV部　新たな科学技術と私たちの社会

というのではなく、早期に ELSI を評価して、ガバナンスを行うというものである。

11.3.2　新興科学技術への取り組み

政策やルールができるまでの苦労

　第1章では ELSI の議論を、本章では RRI の議論を取り上げたが、いずれも米国や欧州が発祥の考え方だ。日本の研究者がこれらを紹介することが多いが、欧米ではこんなよいことをしているのに、日本は何周も遅れているから日本も取り入れるべきだという指摘になりがちだ。しかし、行政官だった私には、ELSI も RRI も学者による欧米からの借り物のように見えた。

　米国で生命倫理の専門家とヒトゲノムの ELSI について議論をし、すばらしい取り組みだと言うと、ヒト ES 細胞は対象にならないなど、そのときの政権の影響を受けることにも目を向けるようにと教えてくれた。

　また、ユネスコの会議で、英国の代表とバイオバンクに関する取り組みについて、英国における一般の人々との対話をしているのはとてもよいということを言ったら、今の姿を見たらすばらしいと思うかもしれないが、ここに至るまでたいへんだったと返された。できあがったレポートや制度だけを見たら立派なのだが、そこに至るまで、どの国も苦労していることがわかった。

官僚も専門家として国際会議に継続的に参加する必要

　ニューヨークの国際連合、パリのユネスコや OECD などの会議において、各国の参加者と意見交換をすると、先進国は同じ課題を共有していることを実感した。関係の国際会議では各国とも同じ官僚が専門家として継続的に出席している。日本も同様に同じ官僚が出席して、人脈を作っておくことが必要だと痛感する。そうでないと生きた情報が入ってこないし、国際的なルール作りに加われない。

　ゲノム、クローン技術、ES 細胞、ブレイン・マシン・インターフェースなどの最先端の研究について、社会との関係をどのように構築したらよいのかは、正解や最適モデルは見つからず、それぞれの国で考えるとともに、各国の間で協議をしているのである。

実務家から見れば、ELSI とよぶか RRI とよぶかはともかく、新しく出現する科学技術を適切に活用することを考え、場合によっては強い規制をかけることなども必要になってくる。そのためには、行政官のみならず、その分野の科学者、人文学・社会学の研究者、企業人、政治家、関心ある市民などが関わっていくことが求められる。

社会実装のための制度を研究することの重要性

私が長年勤務した科学技術庁及び文部科学省は、基礎研究の振興策に加えて、ライフサイエンス（生命医科学）、情報科学技術、材料科学技術、量子科学技術、防災科学技術などの分野別の研究開発の推進、そして、原子力、宇宙、海洋などの大規模な研究開発の推進などの行政を行ってきた。私が現役の官僚のときも、退官した今も気になるのは、研究開発などの振興には相当のエネルギーを注ぐが、研究開発の成果を社会に実装する際の制度を研究したり、作ったりすることについてはあまり熱心ではない傾向があることである。

私は原子力関係の仕事に合計 3 年半ほど従事していて、安全規制や事故の対応をしていた。対応した事故の一つは、放射線医学総合研究所に勤務していたとき、中性子線被ばくを起こした JCO 事故だ。また、生命倫理・安全対策室では、遺伝子組換え、ヒトゲノム、クローン技術などライフサイエンスに関する法律や行政指針の策定や運用など制度作りに従事した。

こうした経歴もあり、**科学技術と社会**とが良好な関係を築くことは大切なことだと思ってきた。ヒトゲノム研究の分野についての調査研究を分析し、研究やその臨床応用にあたっては人々の信頼を得ることが大きな要素であることを示したこともある[*13]。

文部科学省や他の府省から見ると、基礎研究の成果の将来的な社会実装における制度まで考えることは所掌を超えることだという考えもあるようだ。しかし、基礎研究であっても、また、応用研究であっても、政策的に進めるのであれば、将来に医療をはじめさまざまな分野で実際に使われることを想定しているはずだ。

その際、研究を進めるという政策だけでなく、そもそもこのような研究を進めてもよいのか、このような研究は社会からの信頼は得られるのか、国民の幸福に資するのか、社会で使われるために制度を改める必要がないのか、改める

としたらどのような制度が望ましいのか、ということも併せて研究する必要があるだろう。そして、科学や技術だけでなく、法学、経済学、倫理学、社会学、歴史学などさまざまな学問から総合的に考えること、すなわち**総合知**が求められる。

■考えてみよう

☞ 人々に幸福をもたらすライフサイエンスの進め方とはどのようなものか。

☞ 「責任ある研究とイノベーション」を実現するためにどのような方策が必要か。

あとがき

　本書では先端のライフサイエンスを扱っている。この分野は変化が速い。本書を執筆している間にも新しい研究が発表されている。しかし、新しく出現してくる科学技術に対する社会からの視点はあまり変化しないようだ。だからこそ、新しく出現する科学技術に対して、先達がどのように対応したのかを学ぶことは重要だ。

　研究や政策の内容については文献を読み、また、関係者との意見交換なども参考にして、正確性を心掛けたが、誤りや理解が浅い部分があるかもしれない。それは私の責任である。

　本書の執筆のきっかけは、文部科学省を退官後、数人の方から『生命倫理ハンドブック』や『ライフサイエンス政策の現在』の続きを出版しないのかと聞かれたことにある。いくつかの小論を依頼されたり、講義や講演を依頼されたりして、調べていくうちに、二冊の本を出版してから時間がたち、ライフサイエンスをめぐる状況が大きく変化したことを認識した。ライフサイエンスと社会との関係を強化し、社会のなかのライフサイエンスを考えることがますます重要になっている。

　京都大学の児玉聡教授に本の執筆を考えたいと相談したところ、ナカニシヤ出版の後藤南氏を紹介していただいた。後藤氏からは、章立ての提案をいただくとともに、文章はわかりやすく図表を多めにと言われた。各章冒頭のキーワードマップと最後の「考えてみよう」、そして巻末の年表は、後藤氏のアイデアだ。

　本書を通じて多くの方に関心をもっていただき、ライフサイエンスの研究成果が皆さんの幸福に役立つようになれば幸いである。

2025 年 3 月

菱山　豊

注

■はじめに

＊1 カス，L. 2004：堤理華訳『生命操作は人を幸せにするのか：蝕まれる人間の未来』日本教文社，2.

■1章

＊1 ヒトゲノムに関する記述は文部科学省が科学技術週間に配布した「一家に一枚ヒトゲノムマップ」を参考にした。https://www.mext.go.jp/a_menu/kagaku/week/genome/a3.pdf

＊2 町野朔，辰井聡子編 2009：『ヒト由来試料の研究利用：試料の採取からバイオバンクまで』上智大学出版.

＊3 中村祐輔 2006：「バイオバンクジャパンプロジェクト：大規模ゲノム疫学研究をめざして」『学術の動向』2006 年 8 月号，25-31.

＊4 日本医療研究開発機構「東北メディカル・メガバンク計画第 3 段階全体計画」https://www.megabank.tohoku.ac.jp/cms/wp-content/uploads/2021/07/tohokuMMplan202104.pdf

＊5 東北大学「東北大学東北メディカル・メガバンク機構概要」https://www.megabank.tohoku.ac.jp/cms/wp-content/uploads/2022/01/gaiyo_202201.pdf

＊6 国立がん研究センター「がん情報サービス」https://ganjoho.jp/public/dia_tre/treatment/genomic_medicine/genmed01.html

＊7 国立がん研究センター「よく分かるがんゲノム医療と C-CAT」https://for-patients.c-cat.ncc.go.jp/knowledge/cancer_genomic_medicine/efficacy.html

＊8 "The Precision Medicine Initiative Cohort Program-Building a Research Foundation for 21st Century Medicine" https://www.nih.gov/sites/default/files/research-training/initiatives/pmi/pmi-working-group-report-20150917-2.pdf

＊9 米国の生命倫理のシンクタンクであるヘイスティングセンター（Hastings Center）は 50 年の歩みに関する記事をその HP に掲載している．https://www.thehastingscenter.org/national-research-act-at-50-it-launched-ethics-oversight-but-it-needs-an-update/

＊10 ユネスコ https://www.unesco.org/en/ethics-science-technology/bioethicsand-human-rights

＊11 「人を対象とする生命科学・医学系研究に関する倫理指針」https://www.mhlw.go.jp/content/001077424.pdf

＊12 2013 年 2 月 3 日「朝日新聞」社説.

＊13 渡邊淳，巽純子他 2018：「学校教育における「ヒトの遺伝・遺伝学」導入の実践：初等・中等教育において「ヒトの遺伝」をどのように導入するか　第 41 回日本遺伝カウンセリング学会学術集会市民公開講座から」『生物の科学遺伝』72(1)，86-92.

＊14 文部科学省 2018：『高等学校学習指導要領（平成 30 年告示）解説　理科編　理数編』（令和 3 年一部改訂）

＊15 Muto, K., Nagai, A., Ri, I., Takashima, K. and Yoshida, S. 2023: "Is legislation to prevent genetic discrimination necessary in Japan? An overview of the current policies and public attitudes," *Journal of Human Genetics*, 68, 579-585.

＊16 日本医療研究開発機構「未診断疾患イニシアチブ（IRUD）」https://www.amed.go.jp/program/IRUD/index.html

＊17 文部科学省「生命倫理・安全部会」　https://www.mext.go.jp/b_menu/shingi/gijyutu/gijyutu1/index.htm

■2章

＊1 東京大学医学研究所　石井健研究室 https://vaccine-science.ims.u-tokyo.ac.jp/vaccine/

＊2 米国研究製薬工業協会（PhRMA）2012：「ワクチン・ファクトブック 2012」，p.52. https://www.phrma-jp.org/wordpress/wp-content/uploads/old/library/vaccine-factbook_j/vaccine_factbook_2012_jp.pdf

＊3 ノーベル財団プレスリリース https://www.nobelprize.org/prizes/medicine/2023/press-release/

＊4 メッセンジャー RNA ワクチンのわかりやすい解説として，位高啓史 2021：「mRNA 医薬・mRNA ワクチンとは何か」『学術の動向』2021 年 10 月号，38-43. がある.

＊5 秋元奈穂子 2016：『医薬品の安全性のための法システム：情報をめぐる規律の発展』弘文堂，12-23.

＊6 https://www.fda.gov/files/drugs/published/A-History-of-the-FDA-and-Drug-Regulation-inthe-United-States.pdf

＊7 竹澤正行 2011：「臨床試験の実施の基準（GCP）」『日薬理誌』138，205-208.

＊8 菱山豊，広井良典 2020：「生命と社会，政策について考える」『こころの未来』24，31-35. https://ifohs.kyoto-u.ac.jp/archives/15107

＊9 河合香織 2021：『分水嶺：ドキュメントコロナ対策専門家会議』岩波書店.

＊10 柳沢高志 2021：『孤独の宰相：菅義偉とは何者だったのか』文藝春秋.

＊11 米村滋人 2022：「感染症対策の不備と専門家の活用の失敗：日本のコロナ対策はなぜ欠陥だらけなのか」『科学』9(2)，208-213.

＊12 https://www.mhlw.go.jp/bunya/kenkou/kekkaku-kansenshou04/dl/infu100610-00.pdf

＊13 伊藤裕子，小野真沙美，重茂浩美，菱山豊，福島光博 2021：「新型コロナウイルス感染症（COVID19）における我が国のワクチン開発に関する課題と対策の抽出」（文部科学省科学技術・学術政策研究所調査資料 308）. https://www.nistep.go.jp/wp/wp-content/uploads/NISTEP-RM308-Full.pdf

＊14 Larson, H., Figueiredo, A., Xiahong, Z., and Schulz, W., et al. 2016. "The State of Vaccine Confidence 2016: Global Insights Through a 67-Country Survey," *EBioMedicine*, 12, 295-301.

＊15 細坪護挙，加納圭，星野利彦 2021：「科学技術に関する国民意識調査：新型コロナウイルスワクチン接種について」（文部科学省科学技術・学術政策研究所 NISTEP DISCUSSION PAPER 201）. https://www.nistep.go.jp/wp/wp-content/uploads/NISTEP-DP201-FullJ.pdf

＊16 Copland, E. et al. 2024: "Safety outcomes following COVID-19 vaccination and infection in 5.1 million children in England," *Nature Communications*, 15, 3822.

＊17 The National Academies of Sciences, Engineering, and Medicine 2024: *Evidence Review of the Adverse Effects of COVID-19 Vaccination and Intramuscular Vaccine Administration*. http://nap.nationalacademies.org/27746

＊18 日本ユニセフ協会「G20 サミット 2021 ワクチン格差は 15 倍にユニセフ親善大使ら 48 名が呼びかけ」https://www.unicef.or.jp/news/2021/0211.html

■3 章

＊1 山本卓 2020：『ゲノム編集とはなにか：「DNA のハサミ」クリスパーで生命科学はどうかわるのか』講談社，131-151.

＊2 この問題はクリスパー・キャス 9 を創り出す研究の際にも認識されていた. 例えば，ジェニファー・ダウドナ教授は著書で，「the first healthy "CRISPR baby"」の提案があったことを明らかにするとともに，社会的課題について注目して，さまざまな分野の専門家と議論をしてきたことを書いている. Doudna, J. and Sternberg, S. 2017: *A Crack in Creation*, Houghton Mifflin Harcourt, 184-212.

＊3 加藤和人 2020：「ヒトゲノム編集のガバナンスと分野横断型協働の果たす役割」『生命倫理』30(1)，4-14.

＊4 厚生労働省 2020：「厚生科学審議会科学技術部会 ゲノム編集技術等を用いたヒト受精胚等の臨床利用のあり方に関する専門委員会 議論の整理」.

＊5 日本学術会議医学・医療領域におけるゲノム編集技術のあり方検討委員会 2017：「我が国の医学・医療領域におけるゲノム編集技術のあり方」. https://www.scj.go.jp/ja/info/kohyo/pdf/kohyo-23-t251-1.pdf

＊6 菱山豊 2017：「生命医学研究における公的規制について」『法哲学年報 2017』，7-22.

＊7 日本学術会議科学者委員会ゲノム編集技術に関する分科会 2020：「ゲノム編集技術のヒト胚等への臨床応用に対する法規制のあり方について」. https://www.scj.go.jp/ja/info/kohyo/pdf/kohyo-24-t287-1.pdf

194

＊8 日本学術会議 哲学委員会いのちと心を考える分科会 2020：「人の生殖にゲノム編集技術を用いることの倫理的正当性について」．

＊9 https://www.nuffieldbioethics.org/publications/genome-editing-and-human-reproduction

＊10 National Academy of Medicine, National Academy of Sciences, and the Royal Society 2020: *Heritable Human Genome Editing*. The National Academies Press.

＊11 https://www.ethikrat.org/fileadmin/Publikationen/Stellungnahmen/englisch/opinionintervening-in-the-human-germline-summary.pdf

＊12 大澤真幸 2021：『新世紀のコミュニズムへ：資本主義の内からの脱出』NHK 出版，223-224.

＊13 Minari, J., Shinomiya, N., Takashima, K., and Yoshizawa, G., 2022: "Contiguous Governance of Synchronic and Diachronic Changes for the Use of Genome Editing Technologies," *Front. Polit. Sci.*, 4, 825496.

＊14 町野朔 2013：『生命倫理の希望：開かれた「パンドラの箱」の 30 年』上智大学出版，231-233.

■ 4 章

＊1 菱山豊 2010：『ライフサイエンス政策の現在：科学と社会をつなぐ』勁草書房，7.

＊2 京都大学 iPS 細胞研究財団「iPS 細胞提供の実績」．https://www.cira-foundation.or.jp/j/achievement/provision-of-ips-cells/

＊3 梅澤明弘，阿久津英憲 2024：「ヒト ES 細胞由来再生医療製品の治験」『日本再生医療学会雑誌』23(1)，21-27.

＊4 梅澤先生は日本経済新聞のコラム「交遊抄」に私との交流を書いている。梅澤明弘，「赤い本の著者」『日本経済新聞「交遊抄」』2020 年 10 月 8 日

＊5 明治大学プレスリリース 2024 年 2 月 13 日「異種臓器移植用ブタの国内生産に初めて成功 明治大学発ベンチャーポル・メド・テックと米国イージェネシスのチーム」．https://www.meiji.ac.jp/koho/press/2023/mkmht0000010sg7r.html

＊6 Nakauchi, H. et al. 2017: "Interspecies organogenesis generates autologous functional islets," *Nature*, 542, 191-196.

＊7 Yokoo, T., Yamanaka, S., Kobayashi, E., 2020: "Xeno-regenerative medicine: A novel concept for donor kidney fabrication," *Xenotransplantation*, 27, e12622. https://doi.org/10.1111/xen.12622

＊8 横尾教授のグループの胎児に対する異種移植の研究について、Nature 誌がニュースとして取り上げている。Mallapaty, S., 2024: "FIRST FETUS-TO-FETUS TRANSPLANT DEMONSTRATED IN RATS," *Nature*, 629, 267-268.

＊9 菱山豊 2003：『生命倫理ハンドブック』築地書館，96-118.

＊10 毎日新聞「幻の科学技術立国」取材班 2019：『誰が科学を殺すのか：科学技術立国「崩壊」の衝撃』毎日新聞出版，100-104.

＊11 「つぎはぎの倫理規制」（特集「iPS 細胞 10 年見えた課題」）『日本経済新聞』2018 年 1 月 8 日朝刊

＊12 阿曽沼元博 2023：「再生医療分野での自由診療の価値向上を図ろう」『日本再生医療学会雑誌』23(3)，145.

＊13 The National Academies of Sciences, Engineering, and Medicine 1996: *Xenotransplantation: Science, Ethics, and Public Policy.* https://nap.nationalacademies.org/catalog/5365/xenotransplantation-science-ethics-andpublic-policy

＊14 山口照英 2023：「遺伝子改変を行った異種臓器の移植に関する課題や論点等の整理のための調査研究（22CA2023）—遺伝子改変された異種（臓器）移植用臓器の開発におけるリスク要因の整理と薬機法下のレギュラトリーパスを含めた課題」．https://www.mhlw.go.jp/content/10808000/001100467.pdf

＊15 https://www.mhlw.go.jp/content/10808000/001306435.pdf

＊16 長嶋比呂志 2024：「日本での異種移植臨床応用の実現には新たなエコシステム構築が必要である」『日本再生医療学会雑誌』23(2)，74-77.

＊17 町野朔 2014：『生と死、そして法律学』信山社，67-78.

＊18 飛田護邦 2024：「安確法の未来を考える」『日本再生医療学会雑誌』23(2)(9).

■ 5 章

＊1 日本産婦人科医会「生殖補助医療（ART）」．https://www.jaog.or.jp/lecture/11-%E7%94%9F%E6%AE%96%E8%A3%9C%E5%8A%A9%E5%8C%BB%E7%99%82%EF%BC%88art%EF%BC%89/
＊2 内閣府「人口・経済・地域社会をめぐる現状と課題」．https://www5.cao.go.jp/keizai-shimon/kaigi/special/future/sentaku/s3_1_10.html
＊3 厚生労働省「不妊治療と仕事の両立サポートハンドブック」https://www.mhlw.go.jp/content/11909000/001073887.pdf
＊4 厚生労働省「不妊治療に関する取組」．https://www.mhlw.go.jp/stf/seisakunitsuite/bunya/kodomo/kodomo_kosodate/boshi-hoken/funin-01_00004.html
＊5 FDA Briefing Document Pediatric Advisory Committee(PAC) September 19, 2023
＊6 厚生科学審議会先端医療技術評価部会生殖補助医療技術に関する専門委員会「精子・卵子・胚の提供等による生殖補助医療のあり方についての報告書」（2000 年 12 月 28 日）https://www.mhlw.go.jp/www1/shingi/s0012/s1228-1_18.html
＊7 町野朔 2014：『生と死、そして法律学』信山社，133.
＊8 古川俊治 2014：「なぜ早急な法整備が必要か」『中央公論』2014 年 4 月号，28-33.
＊9 法務省「生殖補助医療の提供等及びこれにより出生した子の親子関係に関する民法の特例に関する法律の成立について」．https://www.moj.go.jp/MINJI/minji07_00172.html
＊10 出生前検査認証制度等運営委員会「NIPT（非侵襲性出生前遺伝学的検査）」．https://jams-prenatal.jp/testing/nipt/follow-up-survey/
＊11 Max, K., 2023: "Human Trials of Artificial Wombs Could Start Soon. Here's What You Need to Know," *Nature*, 621, 459-460.
＊12 このあたりの経緯は，文部科学省の「ヒト ES 細胞研究及び生殖細胞研究に関連する指針について」（https://www.mext.go.jp/content/20241202-mxt_life-000035485_02.pdf）を参照.
＊13 吉村泰典 2002：「生殖医療と生命倫理―医学の進歩と社会の要請」『日本医学会 100 周年記念シンポジウム』，51-56. https://jams.med.or.jp/event/100s.html

■ 6 章
＊1 Chapin, J. K., Moxon, K. A., Markowitz, R. S., and Nicolelis, M. A. 1999: "Realtime control of a robot arm using simultaneously recorded neurons in the motor cortex," *Nat. Neurosci.*, 2, 664-670.
＊2 科学技術振興機構研究開発戦略センター「ニューロテクノロジーの健全な社会実装に向けた ELSI/RRI 実践」.
＊3 吉峰俊樹，平田雅之，栁沢琢史，貴島晴彦 2016：「ブレイン・マシン・インターフェイス（BMI）が切り開く新しいニューロテクノロジー」，*Japanese journal of neurosurgery*, 25(12), 964-972.
＊4 紺野大地，池谷裕二 2021：『脳と人工知能をつないだら、人間の能力はどこまで拡張できるのか』講談社，185-205.
＊5 JST「ムーンショット型研究開発事業 プログラム紹介 目標 1 研究開発プロジェクト 身体的能力と知覚能力の拡張による身体の制約からの解放」https://www.jst.go.jp/moonshot/program/goal1/12_kanai.html#report
＊6 https://www8.cao.go.jp/cstp/anzen_anshin/gaiyou/9_nouhatou.pdf
＊7 文部科学省「令和 6 年度脳神経科学統合プログラム（個別重点研究課題）の研究開発課題の決定について」．https://www.mext.go.jp/b_menu/houdou/2024/1415183_00006.html
＊8 Levy, N. 2007: *Neuroethics: Challenge for the 21st Century*, Cambridge University Press, 1-2.
＊9 香川知晶 2008：「『応用倫理学』とモンスターの哲学：脳神経倫理学の可能性」信原幸弘・原塑編『脳神経倫理学の展望』勁草書房，25.
＊10 Safire, W. 2002: "Vision for New Field of Neuroethics," Marcus, S. J. (ed) *Neurothics: Mapping the Field*, The DANA Press, 3-9. https://dana.org/app/uploads/2023/09/neuroethics-mapping-the-field.pdf
＊11 Harari, Y. N. 2016: *Homo Deus: A Brief History of Tomorrow*, Vintage, 1-82.
＊12 渡辺正峰 2024：『意識の脳科学：「デジタル不老不死」の扉を開く』講談社現代新書.
＊13 ガブリエル，M. 2019：姫田多佳子訳『『私』は脳ではない：21 世紀のための精神の哲学』講談社選書メチエ，22.
＊14 野崎まど 2020：『タイタン』講談社.

＊15 モレノ，J. D. 2008：久保田競監訳，西尾香苗訳『操作される脳』アスキーメディアワークス．
＊16 https://legalinstruments.oecd.org/en/instruments/OECD-LEGAL-0457
＊17 International Bioethics Committee of UNESCO, Report of the International Bioethics Committee of UNESCO on the Ethical Issues of Neurotechnology, 2021. https://unesdoc.unesco.org/ark:/48223/pf0000378724
＊18 IoB-S 研究会・実装実験系課題検討タスクフォース 2024：「IoB-S 研究会実装実験系中間報告書：脳神経科学技術（ブレインテック）の法的課題−神経法学（Neurolaw）の構築に向けて」．
＊19 CRDS 研究開発戦略センター「ニューロテクノロジーの健全な社会実装に向けた ELSI/RRI 実践」https://www.jst.go.jp/crds/report/CRDS-FY2022-WR-06.html

■ 7 章

＊1 https://www.natureasia.com/ja-jp/ndigest/v13/n9/%E8%80%81%E5%8C%96%E7%A0%94%E7%A9%B6%E3%81%AB%E5%A4%A7%E3%81%8D%E3%81%AA%E4%BA%88%E7%AE%97/78056
＊2 日本医療研究開発機構，ムーンショット研究開発事業目標 7「To Age 100 without Health Concerns」．https://www.amed.go.jp/content/000120219.pdf
＊3 島津製作所プレス発表資料 2024 年 3 月 13 日「高い抗酸化作用を持つ超硫黄分子の特性解明へ，老化を防ぐ医薬品・食品の開発に貢献『島津製作所×東北大学 超硫黄生命科学共創研究所』を設置」https://www.shimadzu.co.jp/news/2024/a32c49n6wp0zx5au.html
＊4 日本経済新聞電子版 2024 年 7 月 2 日「島津製作所が東北大と挑む「不老長寿」 500 社ひしめく」https://www.nikkei.com/article/DGXZQOUC281WC0Y4A620C2000000/
＊5 Forbes オンライン記事「古の時代から人類が追い求める「不老長寿・健康」テックの現在」https://forbesjapan.com/articles/detail/71896
＊6 前川素子，大西哲生，吉川武男 2012：「DOHaD（Developmental Origins of Health and Disease）仮説からみた統合失調症」『日本生物学的精神医学会誌』23(2)，103-107.
＊7 井村裕夫 2016：『健康長寿のための医学』岩波新書，137-150.
＊8 文部科学省 https://www.mext.go.jp/.../044/giji_list/mext_01803.html
＊9 河合香織 2023：『老化は治療できるか』文春新書．
＊10 早野元嗣 2024：『エイジング革命：250 歳まで人が生きる日』朝日新書．
＊11 黒木登志夫 2024：『死ぬということ：医学的に，実務的に，文学的に』中公新書，6.
＊12 Shen, X., Snyder, M. P., et al. 2024: "Nonlinear dynamics of multi-omics profiles during human aging," *Nature Ageing*, 4, 1619-1634. https://doi.org/10.1038/s43587-024-00692-2
＊13 日本医療研究開発機構，ムーンショット研究開発事業目標 7「To Age 100 without Health Concerns」．https://www.amed.go.jp/content/000120219.pdf
＊14 Levy, B. 2024：筒井祥博監修、大星有美訳『老化のプログラムを書き換える：年齢の固定観念を打ち破り、より長く健康で生きる』講談社．

■ 8 章

＊1 The President's Council on Bioethics 2003: *Beyond Therapy: Biotechnology and the Pursuit of Happiness*, HarperCollins, 38. 報告書原文は次の URL 他でも入手可能。https://bioethicsarchive.georgetown.edu/pcbe/reports/beyondtherapy/
＊2 サンデル，M. J. 2010：林芳紀，伊吹友秀訳『完全な人間を目指さなくてもよい理由：遺伝子操作とエンハンスメントの倫理』ナカニシヤ出版．
＊3 金森修 2005：『遺伝子改造』勁草書房．

■ 9 章

＊1 https://www.mof.go.jp/policy/international_policy/councils/bop/20240702.pdf
＊2 菱山豊 2024：「行政から見た医学研究の資源配分の考え方」『日本医学哲学倫理学会誌』48，38-42.
＊3 厚生労働省「令和 3（2021）年度国民医療費の概況」
＊4 国税庁「財政のしくみと役割」．https://www.nta.go.jp/taxes/kids/hatten/page03.htm
＊5 科学技術・学術政策研究所「科学技術指標 2023」．https://nistep.repo.nii.ac.jp/records/2000006
＊6 首相官邸「創薬エコシステムサミット」 https://www.kantei.go.jp/jp/101_kishida/actions/

202407/30souyaku.html
* 7 ボグナー，G.，ヒロセ，I. 2017：児玉聡監訳『誰の健康が優先されるのか：医療資源の倫理学』岩波書店，53-95.
* 8 「令和元年度版科学技術白書」第 1 章第 1 節　https://www.mext.go.jp/component/b_menu/other/__icsFiles/afieldfile/2019/05/22/1417228_001.pdf
* 9 科学技術振興機構研究開発戦略センター「研究開発分野の俯瞰報告書　ライフサイエンス・臨床医学分野（2023 年）」，173.

■10 章
* 1 日本学術会議，声明「科学者の行動規範改訂版」パンフレット．https://www.scj.go.jp/ja/scj/kihan/kihan.pamflet_ja.pdf
* 2 文部科学省「研究活動における不正行為への対応等に関するガイドライン」https://www.mext.go.jp/b_menu/houdou/26/08/__icsFiles/afieldfile/2014/08/26/1351568_02_1.pdf
* 3 桑島巌 2019：「Clinical trial（臨床試験）から Criminal trial（裁判）へ：ディオバン臨床研究不正事件とは」『薬剤疫学』24(2)，67-74.
* 4 日本学術会議「回答 論文の査読に関する審議について」https://www.scj.go.jp/ja/info/kohyo/pdf/kohyo-25-k353.pdf
* 5 榎木英介，田中智之 2023：『あなたの知らない研究グレーの世界』中外医学社，序.
* 6 JASON 2019: "Fundamental Research Security." https://www.nsf.gov/news/special_reports/jasonsecurity/JSR-19-2IFundamentalResearchSecurity_12062019FINAL.pdf
* 7 内閣府統合イノベーション戦略推進会議 2021：「研究活動の国際化，オープン化に伴う新たなリスクに対する研究インテグリティの確保に係る対応方針について」．https://www8.cao.go.jp/cstp/kokusaiteki/integrity/integrity_housin.pdf
* 8 藤原綾乃 2016：『技術流出の構図：エンジニアたちは世界へどう動いたか』白桃書房.
* 9 経済安全保障法制に関する有識者会議 2024：「経済安全保障上の重要技術に関する技術流出防止策についての提言〜国が支援を行う研究開発プログラムにおける対応〜」．https://www.cas.go.jp/jp/seisaku/keizai_anzen_hosyohosei/r6_dai10/siryou4.pdf
* 10 村上昭義，西川開，伊神正貫 2023：「科学研究のベンチマーキング 2023」（文部科学省科学技術・学術政策研究所 NISTEP RESEARCH MATERIAL 329）．DOI: https://doi.org/10.15108/rm329

■11 章
* 1 広井良典 2023：『科学と資本主義の未来』東洋経済，239.
* 2 https://www.nih.gov/about-nih/what-we-do/impact-nih-research/improving-health
* 3 モーランド，P. 2024：橘明美訳『人口は未来を語る』NHK 出版，34.
* 4 厚生労働省「『健康寿命のあり方に関する有識者研究会』の報告書及び『健康寿命の延伸の効果に係る研究班』の議論の整理」．https://www.mhlw.go.jp/stf/newpage_04074.html
* 5 菱山豊 2023：「新しい『生』、『死』の概念登場　長寿実現の先の『健康』が課題」『週刊エコノミスト』，2023 年 5 月 9 日号，98-101.
* 6 佐藤隆一郎 2023：『健康寿命をのばす食べ物の科学』ちくま新書，22.
* 7 池内了 2012：『科学と人間の不協和音』角川書店，4.
* 8 広井良典 2023：『科学と資本主義の未来：〈せめぎ合いの時代〉を超えて』東洋経済，76-100.
* 9 Harari, Y. N. 2016: Homo Deus: A Brief History of Tomorrow, Vintage, 34-49.
* 10 European Commission, "Institutional changes towards responsible research and innovation: Achievements in Horizon 2020 and recommendations on the way forward."
* 11 藤垣裕子 2020：「責任ある研究とイノベーション：新知見を生かす社会的システムの構築」『学術の動向』2020 年 12 月号，14-17.
* 12 吉澤剛 2013：「責任ある研究・イノベーション：ELSI を越えて」『研究　技術　計画』28(1)，106-122.
* 13 Hishiyama, Y., Minari, J., and Suganuma, N. 2019: "The survey of public perception and general knowledge of genomic research and medicine in Japan conducted by the Japan Agency for Medical Research and Development," Journal of Human Genetics, 64, 397-407.

事項索引

数字・欧文

2020年提言　54
3Rの原則　77
AMED　35, 123, 175
AMED-CREST　123
ART　88
ART指針　50, 99
BBJ　7
BMI　104
CA　106
CDC　31
COVID-19　24
CRDS　115
CSTI　49, 99
CSTP　187
DALY　153
DNA　4
DNAの切り貼り　44
DoHAD仮説　125
EBPM　156
ELSI　7, 116, 142, 186
ELSIプログラム　12
ES細胞　67
EVE　92
FDA　27
fMRI　109
fNIRS　109
Fundamental Research Security　166
GCP　28
HITE　105, 117
IBC　13
ICSI　89
iPS細胞　64
IRUD　20
IVF-ET　89
Jason Report　166
mRNA　4
National Research Act　12
NCD　125
NIH　9, 174
NIPT　90, 97
PPI　14, 19, 158, 187
R&I　186
RRI　117, 186

SCARDA　35
SNPs　6
STAP細胞　171
WHO　39
X線撮影　29

あ

アクテムラ　177
アメリカ国立衛生研究所　9
安確法　72, 73, 81
安全性　24, 37, 117
アンメットメディカルニーズ　153
池谷脳AI融合プロジェクト　105, 117
意識のアップロード　109
異種再生医学　70
一塩基多型　5
遺伝子組み換え技術　69
遺伝子検査　91
遺伝子治療　45, 152
遺伝子例外主義　15
遺伝性ヒトゲノム編集　57
遺伝的要因　181
イノベーション　113
イノベーション振興　187
イベルメクチン　177
医薬品、医療機器等の品質、有効性及び安全性の確保等に関する法律　27, 28, 72
医薬品製造業　150
医療情報　18
医療政策　174
医療費　147, 180
医療崩壊　29
医療保険　19
インクルーシブ　180
インフォームド・コンセント　7, 71
ウェアラブル・ロボティクス　111
運動型BMI　105
永遠の命　110
英国王立協会　57
エイジズム　19, 131
塩基　4
エンハンスメント　109, 134
オプジーボ　177

オフターゲット効果　46
オミックスデータ　182

か

介護費　180
科学アカデミー　57
科学技術と社会　189
科学研究費助成事業　155
化学合成　152
科学者の行動規範　163
科学者の行動規範に関する検討委員会　162
科学者の責任問題　163
核酸医薬　152
学習指導要領　17
学術研究　155
科研費　155
科振費　147
ガバナンス力　187
加齢黄斑変性疾患　65
がん遺伝子パネル検査　9
感覚型BMI　105
環境的要因　181
肝細胞　66
患者・市民参画　14, 19, 158, 187
感染症　29
機関内倫理審査委員会　12
基礎研究　146, 154
機能的核磁気共鳴装置　109
キメラ　76
キメラ臓器　69
競争的研究費　155
近赤外光脳機能イメージング　109
クリスパー・キャス9　44
クリゾチニブ　178
クローン技術　76
クローン人間　76
軍事利用　111
経済安全保障　166
経済安全保障重要技術育成プログラム　107
経済安全保障に関する産業・技術基盤強化アクションプラン改定版　168
結核　29

索　引　199

ゲノム　4
ゲノム医療　9
ゲノムコホート研究　8
ゲノム情報　18
ゲノム編集　44, 69
ゲノム編集技術等を用いたヒト
　受精胚等の臨床利用のあり
　方に関する専門委員会　51
ゲノム編集技術のあり方検討委
　員会　53
ゲノム編集指針　49
研究インテグリティ　166
研究開発戦略センター　115
研究開発費　150
研究開発法人　176
研究活動における不正行為へ
　の対応等に関するガイドライ
　ン　163
研究資金配分機関等　167
研究者　167
研究所機能　174
研究とイノベーション　186
研究費　146
研究費配分機関　174
研究不正　162
謙虚　138
健康・医療戦略推進本部　156
健康寿命　122, 180
健康長寿社会　180
健常人　181
顕微授精　89
抗原　24
抗生剤　29
抗体医薬　152
幸齢社会　127
国際生命倫理委員会　13
コホート研究　125
根本的な老化メカニズムの理解
　と破綻に伴う疾患機序解明
　123

さ

サイエンス・コミュニケーション
　118
サイエンスマップ　155
再生医療　152
再生医療推進法　72
再生医療等製品　73
再生医療等の安全性の確保等

に関する法律　72, 81
再生医療を国民が迅速かつ安
　全に受けられるようにするた
　めの施策の総合的な推進に
　関する法律　72
サイバネティック・アバター　106,
　114
削減　77
サリドマイド事件　28
幸せ　101
シーズ　178
疾病予防管理センター　31
社会共創　118
社会保障関係費　147
自由診療　80
受精　91
受精胚　91
出自を知る権利　95
出生前診断　90
障害調整生存年　153
少子化対策　101
少子高齢社会　182
食品医薬品局　27
所属機関　167
新型コロナウイルス感染症　24
新型出生前検査　90
新規胚研究指針　52
心筋細胞　66
人工子宮　92
人工多能性幹細胞　64
人工内耳　135
人工妊娠中絶　97
人工網膜　135
侵襲性　118
人種差別　131
心臓移植　68, 78
新領域の研究　146
スペイン風邪　28
スモン事件　28
生活情報　18
性差別　131
精子・卵子・胚の提供等による
　生殖補助医療のあり方につ
　いての報告書　95
生殖細胞　99
生殖補助医療　88
生殖補助医療の提供及びこれ
　により出生した子の親子関係
　に関する民法の特例に関す

る法律　96
精密医療　9
生命倫理委員会　114
生命倫理専門調査会　49, 99
生命倫理と人権に関する世界
　宣言　13
世界保健機関　39
責任　138
責任ある研究とイノベーション
　116, 186
染色体の不安定性　46
先進的研究開発戦略センター
　35
前臨床試験　24
洗練　77
臓器移植法　79
臓器の移植に関する法律　78
臓器の売買　79
総合科学技術・イノベーション
　会議　49, 99, 156
総合科学技術会議　71
総合知　30, 48, 190
創発的研究支援事業　155

た

第1種再生医療等　73
第1相　25
第2種再生医療等　73
第2相　25
第3種再生医療等　73
第3相　25
体外子宮環境　92
体外受精・胚移植　89
体外受精児　88
体細胞　64
代替　77
代理懐胎　94
代理母　94
対話重視　168
ダウン症　97
タスキギー事件　12
堕胎罪　97
多能性　64, 67
多能性幹細胞　91
着床前診断　91, 97, 135
超硫黄分子　124
長寿社会　122, 180
超長寿　140
治療を超えて　134

ディオバンの臨床研究不正事件　163
提供胚研究指針　52
低分子医薬　152
デオキシリボ核酸　4
デザイナー・ベイビー　47, 134
デジタル脳　107
デュアルユース　109, 111, 168
デュアルユース問題　163, 166
ドイツ倫理評議会　59
凍結胚・融解移植　89
凍結保存　94
動物愛護　77
動物実験　77
動物性集合胚　69, 76
動物の愛護及び管理に関する法律　77
東北メディカル・バンク　8
ドーピング　135
毒性評価　66
特定個人の健康　182
特定胚の取扱いに関する指針　76
特定不正行為　163, 164
ドラッグデリバリーシステム　26
ドラッグロス　150
トランスサイエンス　48
トレードオフ　150

な

ナフィールド評議会　56
日本医療研究開発機構　35, 123, 175
日本学術会議　53, 102, 162
ニューロエシックス　108
ニューロテクノロジー　113
ニューロテクノロジーにおける責任あるイノベーションに関する勧告　113
ニュルンベルク綱領　11
ねつ造、改ざん及び盗用　163, 164
脳科学委員会　119
脳科学技術　107
脳科学研究戦略推進プログラム　104
脳死の判定指針および判定基準　78
脳死は個体の死　78

脳死臨調　79
脳神経科学統合プログラム　107
脳神経倫理学　108

は

バイオテクノロジー　152
バイオバッグ　92
バイオバンク　7
バイオバンク・ジャパン　7, 21
胚保護法　59
発生　91
パンデミック　29
パンデミック条約　39
ピアレビュー　164
非感染症疾患　125
ビッグデータ　181
ヒト ES 細胞　66
ヒト ES 細胞の樹立及び使用に関する指針　72
ヒト iPS 細胞又はヒト組織幹細胞からの生殖細胞の作成を行う研究に関する指針　99
ヒト遺伝情報に関する世界宣言　13
ヒトゲノム　4
ヒトゲノム・遺伝子解析に関する倫理指針　14
ヒトゲノム解析　91
ヒトゲノム計画　12
ヒトゲノム研究に関する基本原則　14
ヒトゲノムと人権に関する世界宣言　13
ヒト受精胚に遺伝情報改変技術等を用いる研究に関する倫理指針　49
ヒト受精胚の作製を行う生殖補助医療研究に関する倫理指針　50
ヒト受精胚の提供を受けて行う遺伝情報改変技術等を用いる研究に関する倫理指針　52
ヒト受精胚を作成して行う研究に関する倫理指針　52
人と情報のエコシステム　105, 117
ヒトに関するクローン技術等の規制に関する法律　76

ヒトの生命現象　17
ヒト胚に類似した構造　92, 99
ヒト胚の取扱いに関する基本的考え方　50
「ヒト胚の取扱いに関する基本的考え方」見直し等に係る報告
　――（第一次）生殖補助医療研究を目的とするゲノム編集技術等の利用について　49
　――（第二次）ヒト受精胚へのゲノム編集技術等の利用について　50
　――（第三次）研究用新規胚の作成を伴うゲノム編集技術等の利用について　52
ヒト胚モデル　92, 99
人を対象とする生命科学・医学系研究に関する倫理指針　15, 71
病原体　24
ファースト・イン・ヒューマン　65
ファンディング・エージェンシー　174
福祉　101
副反応　37
不健康時間　123
ブタの心臓　68
不妊症治療法　88
ブレイン・マシン・インターフェイス　104
ブレインテック　107
不老長寿　124, 140
不老不死　140
文教及び科学振興費　147
平均寿命　122, 174
米国医学アカデミー　57
ヘルシンキ宣言　11
ヘルスケア研究　182
ヘルスケアデータ　126
保険診療　80
母体血胎児染色体検査　90, 97
ポテリジオ　178
ホモ・デウス　110

ま

マインドコントロール　109, 110

マインドリーディング　109
未診断疾患イニシアチブ　20
ムーンショット型研究開発制度
　106, 114, 123
メガファーマ　178
メキニスト　178
メッセンジャー RNA　4
メッセンジャー RNA ワクチン
　26
免疫　24
免疫拒絶　68
免疫原性　24
モダリティ　152

や

薬事法　27
薬機法　27, 28, 72, 73
有効性　24, 37
融合分野の研究　146

優生思想　98
ユネスコ　13, 114
予見的ガバナンス　187
予見的統治　116
余剰胚　49, 89

ら

ライフコース　125
ライフコース・ヘルスケア　125,
　181
ライフコース・ヘルスケアサービ
　スシステム　182
ライフサイエンス委員会　127,
　156
ライフサイエンス研究　181
ライフサイエンス研究費　147
リスク管理　187
リスク評価　47
リタリン　135

リベラルな優生学　138
良質かつ適切なゲノム医療を国
　民が安心して受けられるよう
　にするための施策の総合的
　かつ計画的な推進に関する
　法律　19
臨時脳死及び臓器移植調査会
　79
臨床研究　154
臨床試験　24
倫理審査委員会　71
倫理的・法的・社会的課題
　7, 74, 116, 142, 186
連帯　138
論文データベース　155

わ

ワクチン　24
ワクチン開発　33

人名索引

赤林朗　142
阿久津英憲　67
浅島誠　162
井村裕夫　125
上田龍三　178
梅澤明弘　67
エドワーズ, ロバート　88
大澤真幸　61
大村智　177
オバマ, バラク　9
小保方晴子　171
カス, レオン・R　134
加藤和人　48
金澤一郎　102, 119
金森修　139
ガブリエル, マルクス　111
カリコ, カタリン　26
河合香織　128
神田真人　146
岸本忠三　178
北原和夫　102
黒川清　102
黒木登志夫　128

酒井敏行　178
笹井芳樹　171
サファイア, ウィリアム　108
サンデル, マイケル・J　137
シャルパンティエ, エマニュエル　44
ダウドナ, ジェニファー　44
高橋政代　65
田中敏　21
渡海紀三朗　82
トムソン, ジェームズ　66
中内啓光　69
長嶋比呂志　75
中村佑輔　7
早野元嗣　128
ハラリ, ユヴァル・ノア　110,
　184
平田雅之　105
平野俊夫　123
広井良典　29, 184
ヒロセ, イワオ　153
ファウチ, アンソニー　31
藤垣裕子　186
ブッシュ, ジョージ・W　71

古川俊治　96
ベンサム, ジェレミー　184
ボグナー, グレッグ　153
本庶佑　177
マスク, イーロン　105
町野朔　62, 76
間野博行　178
宮下保司　119
ミル, ジョン・スチュアート　184
室伏きみ子　102
毛利衛　102
モレノ, ジョナサン・D　112
山中伸弥　64, 82, 159
山本卓　45
山本雅之　8
横尾隆　69
吉峰俊樹　105
吉村泰典　101
米村滋人　31
レヴィー, ベッカ　132
渡辺正峰　110

ライフサイエンス政策関連年表

1947 年	• ニュルンベルク綱領のとりまとめ
1964 年	• 世界医師会が「ヘルシンキ宣言：ヒトを対象とする生物医学研究に携わる医師に対する勧告」を公表
1968 年	• 日本初の心臓移植の実施（日本）
1974 年	• National Research Act の策定（米国）
1978 年	• 体外受精による赤ちゃんの誕生（英国）
1987 年	• 利根川進博士がノーベル生理学・医学賞を受賞（日本）
1990 年	• ヒトゲノム計画における「ELSI: Ethical, Legal and Social Implications（倫理的・法的・社会的課題）プログラム」が開始（米国）
1996 年	• クローン羊ドリーの誕生（英国）
1997 年	• 「臓器の移植に関する法律」（臓器移植法）の成立（日本） • ユネスコが「ヒトゲノムと人権に関する世界宣言」を策定
1998 年	• ヒト ES 細胞樹立（米国）
2000 年	• 「ヒトに関するクローン技術等の規制に関する法律」の成立（日本）
2001 年	• 文部科学省、厚生労働省及び経済産業省が「ヒトゲノム・遺伝子解析研究に関する倫理指針」を策定（日本） • 文部科学省が「ヒト ES 細胞の樹立及び使用に関する指針」策定（日本）
2003 年	• 米大統領生命倫理評議会「Beyond Therapy; Biotechnology and the Pursuit of Happiness（治療を超えて）」公表（米国） • バイオバンク・ジャパン（BBJ）発足（日本）
2005 年	• ユネスコが「生命倫理と人権に関する世界宣言」を策定
2006 年	• 日本学術会議が「科学者の行動規範」をとりまとめ（日本） • マウス iPS 細胞の樹立の発表（日本）
2007 年	• ヒト iPS 細胞の樹立の発表（日本）
2012 年	• 東北メディカル・メガバンク機構発足（日本） • 山中伸弥博士がノーベル生理学・医学賞を受賞（日本） • ゲノム編集技術の一つであるクリスパー・キャス 9 の開発（米国）

2013 年	•「再生医療を国民が迅速かつ安全に受けられるようにするための施策の総合的な推進に関する法律」、「再生医療等の安全性の確保等に関する法律」及び「医薬品、医療機器等の品質、有効性及び安全性の確保等に関する法律」の成立（日本）
2014 年	• STAP 細胞を巡る騒動（日本） • 文部科学省が「研究活動における不正行為への対応等に関するガイドライン」を策定（日本）
2015 年	• 日本医療研究開発機構（AMED）の発足（日本） • 大村智博士がノーベル生理学・医学賞を受賞（日本）
2016 年	• 大隅良典博士がノーベル生理学・医学賞を受賞（日本）
2017 年	• 日本学術会議が「我が国の医学・医療領域におけるゲノム編集技術のあり方」を公表
2018 年	• ゲノム編集技術を用いた赤ちゃんの誕生（中国） • 総合科学技術・イノベーション会議が「『ヒト胚の取扱いに関する基本的考え方』見直し等に係る報告（第一次）～生殖補助医療研究を目的とするゲノム編集技術等の利用について～」（CSTI 第一次報告）を公表（日本） • ナフィールド評議会が報告書「ゲノム編集と人間の生殖：社会的及び倫理的課題」を公表 • 本庶佑博士がノーベル生理学・医学賞を受賞（日本）
2019 年	• CSTI 第二次報告公表（日本）
2020 年	• 日本学術会議が「ゲノム編集技術のヒト胚等への臨床応用に対する法規制にあり方について」を公表（日本） • 新型コロナウイルス感染症に対するメッセンジャー RNA ワクチンの実用化（米国） • 米国医学アカデミー及び科学アカデミー並びに英国王立協会が報告書「遺伝性ヒトゲノム編集」を公表
2022 年	• CSTI 第三次報告公表（日本） • 遺伝子改変をしたブタの心臓を人間の患者に移植（米国）
2023 年	•「良質かつ適切なゲノム医療を国民が安心して受けられるようにするための施策の総合的かつ計画的な推進に関する法律」の成立（日本）

■ 著 者

菱山 豊（ひしやま ゆたか）

1960年生まれ。東京大学医学部保健学科卒業後、科学技術庁入庁。文部科学省で、生命倫理・安全対策室長、ライフサイエンス課長、科学技術・学術政策局長などを歴任。日本医療研究開発機構（AMED）の設立と経営に参画。文部科学省退官後、徳島大学副学長などを経て、現在、順天堂大学特任教授。博士（医学）。著書に、『生命倫理ハンドブック』（築地書館）、『ライフサイエンス政策の現在』（勁草書房）がある。

ライフサイエンスをめぐる倫理的・法的・社会的課題
医療と科学の進歩は幸福をもたらすか

2025年4月10日　初版第1刷発行　｜定価はカヴァーに｜
　　　　　　　　　　　　　　　　　　｜表示してあります｜

　　　　　著　者　菱山　豊
　　　　　発行者　中西　良
　　　　　発行所　株式会社ナカニシヤ出版
　　　　☎606-8161　京都市左京区一乗寺木ノ本町15番地
　　　　　　　　　　　　　Telephone 075-723-0111
　　　　　　　　　　　　　Facsimile 075-723-0095
　　　　　　　　　Website https://www.nakanishiya.co.jp/
　　　　　　　　　Email iihon-ippai@nakanishiya.co.jp
　　　　　　　　　　　　　郵便振替　01030-0-13128

装幀＝白沢 正／印刷・製本＝創栄図書印刷（株）
Printed in Japan.
Copyright © 2025 by Y. Hishiyama
ISBN978-4-7795-1838-6

本書のコピー，スキャン，デジタル化等の無断複製は著作権法上での例外を除き禁じられています。本書を代行業者等の第三者に依頼してスキャンやデジタル化することはたとえ個人や家庭内の利用であっても著作権法上認められておりません。